今を生きる思想

福沢諭吉
最後の蘭学者

大久保健晴

現代新書
100
HUNDRED

講談社現代新書
2699

はじめに

「文明」と「独立」の間

近代日本を代表する思想家、教育者として名高い、福沢諭吉。徳川後期から明治の時代を駆け抜けた彼は、『西洋事情』や『学問のすゝめ』などのベストセラーを次々と世に著し、さらに慶應義塾を創設したことで知られる。

福沢が生きた一九世紀の東アジアは、まさに激動の渦中にあった。

大陸に目を転じると、一七世紀末から一八世紀、清朝中国は康熙《こうき》帝・雍正《ようせい》帝・乾隆《けんりゅう》帝による統治のもと、モンゴルやチベット、東トルキスタンを服属させるなど領土を拡張し、最盛期を迎えた。しかし一九世紀に入り、一八四〇年のアヘン戦争によってイギリスに敗北。続いて五六年から始まるアロー戦争にも敗れ、六〇年には首都北京がイギリス・フランスの連合軍によって占領されるという事態を招いた。

同様に、日本近海でも一八世紀末以降、ロシア船やイギリス船がたびたび姿を現すこととなる。文化三（一八〇六）年と翌四年にロシアが日本の北方を攻撃する文化露寇が勃発し、続いて文化五年には、オランダ国旗を翻したイギリス船・フェートン号が突如、長崎港に侵入する事件が発生した。それだけに、アヘン戦争による清朝中国の敗北は大きな衝撃をもって受けとめられた。

そして嘉永六(一八五三)年、アメリカ合衆国東インド艦隊司令長官、M・C・ペリー率いる黒船が、江戸湾浦賀沖に来航する。この出来事を契機に、二五〇年以上続いてきた徳川政治体制は、その後わずか一四年余りで瓦解した。

内戦である戊辰戦争を経て樹立された明治新政府は、開国和親を掲げて西洋の法制度や学術を積極的にとりいれ、「文明化」を推進しながら、近代国家としての「独立」の道を模索した。さらに「文明」国として、西洋由来の国際法に基づく条約外交を展開し、旧来の東アジア国際秩序の再編を企てた。しかし「文明化」と「独立」とは、時に交錯し、対立する政治課題でもあった。

一九世紀後半の日本では、西洋列強と諸条約を結び、西洋国際体系へと編入されるなかで、多くの学者や政治家がアメリカやヨーロッパに渡航し、「文明」国の見聞を深めた。彼らは近代化のモデルをそこに見出し、西洋文明から多くのことを学ぼうと試みた。だが同時に、西洋諸国はまた、国際政治において日本の独立を阻む脅威でもあった。日本からヨーロッパに渡航した者たちの多くが、旅の途上に立ち寄ったアジア諸国の港で、「文明」国である西洋列強がアジア諸民族に対して横暴に振る舞う、凄惨な植民地支配の実態を目撃した。彼らは帰国後、その経験を基礎に、徳川期の学問的伝統を最大限に活用し、同時代の西洋における「文明」の学術や法・政治制度を広く摂取しながら、旧来の世界認識や法・政治概念を問い直した。そこから、国家の「独立」をかけて内政・外交にかかわるさまざまな政策論を提示し、議論をたたかわせ、近代日本の礎を築いた。

この世界史的な時代の大きな変革期において、「文明化」と「独立」との間の緊張と矛盾を孕んだ関係性を、最も鋭く直視し、思索を深めた人物、それこそが福沢諭吉であった。福沢は蒸気機関や鉄道、電信、電灯、レンガ造りの建築など、文明の「外形」ばかりに目を奪われる同時代の人々を戒め、文明を支える原理や精神に注目した。そして文明化が人々の生活に与える光と影をともに見すえながら、混乱する時代状況のなかで、日本の国家的独立を求めて新たな政治社会のあり方を構想した。

本書は、そんな福沢諭吉の思想の本質に迫る。キーワードは、「蘭学」である。

福沢諭吉と蘭学

これまで福沢諭吉について取り上げた書籍は、入門書から専門書に至るまで、おびただしい数に及び、すでに多くの優れた先行研究が存在する。扱われるテーマも、福沢諭吉の政治思想や経済論、法思想にはじまり、外交論、西洋政治理論との知的格闘、家族論や女性論、さらにはアジア認識、中国・朝鮮論など、じつに多彩である。

しかしそうしたなかで、これまでその重要性が認識されながらも、十分に論じられてきていない主題がある。「福沢諭吉と蘭学」である。

よく知られるように、福沢は黒船来航後の安政年間に、大坂で蘭医・緒方洪庵《おがたこうあん》が主宰する蘭学塾・適塾《てきじゅく》に学び、塾長までつとめた。その後、安政五（一八五八）年、江戸に出てきた福沢が築地鉄砲洲《てっぽうず》の奥平家中屋敷内の長屋に開いた塾も、蘭学塾であった。今日の慶應義塾は、この蘭学塾を起源とする。ところが、それにもかかわらず、これまで福沢諭吉と蘭学の関係については、必ずしも正面から検討されていない。

それはなぜか。一つの大きな原因は、福沢自身の晩年の作品『福翁自伝』にある。『福翁自伝』には、大坂から江戸に出て蘭学塾を開いた後の安政六（一八五九）年、横浜を訪れた際の有名なエピソードが登場する（⑦八〇～八二）。

当時の横浜は、安政五ヵ国条約によって外国人居留地が開かれたばかりであった。その様子を見学に行った福沢は、しかしそこにいる外国の人々とまったく言葉が通じず、店の看板やビンの貼り紙さえ読めないという経験をする。これまで学んできたオランダ語が、役に立たない。そこに書かれているのは英語やフランス語であり、「何を見ても私の知っている文字というものはない」。「今まで数年の間、死物狂いになって和蘭《オランダ》の書を読むことを勉強した、その勉強したものが、今は何にもならない」。そう落胆した福沢は、これからの時代は英語を学ばなければならないと痛感し、英学に取り組むようになったという。

このエピソードはとても印象的である。それゆえこれまで、福沢の思想形成の過程において、蘭学は棄て去られて過去の遺物となった、と広くイメージされてきた。

もちろん、福沢がこの頃より英語を学びはじめ、次第に英学、すなわち英語を通じた西洋学術受容へと移行したことは、事実である。

しかしこの一節をもとに、福沢は「蘭学をもはや役に立たない学問であるとして切り捨て、英学へと転向した」と考えるのであれば、その解釈は誤りである。何よりも、福沢自身がそれを否定している。

『福翁自伝』には、横浜での出来事の後、いかに英語と取り組んだのか、その学習法について次のように描かれている。福沢によると、英語を勉強するために、まず「ホルトロップという英蘭対訳発音付の辞書」を入手した。そして、「ただその字引と首っ引きで毎日毎夜ひとり勉強」し、「英文の書を蘭語に翻訳して」、英語を学んだという。すなわち福沢は、英語―オランダ語辞書を用いて、英文をオランダ語に翻訳することにより、英語を学んだのである。蘭学の蓄積があったからこそ、英語に独力で挑むことができた。

その経験から、福沢は断言する。多くの蘭学者が当時、「蘭学が役に立たないからまるでこれを棄ててしまって英学に移」るのは「つらい話」だと考えた。自分も最初は、蘭学修業がすべて無駄になると落胆した。だが、それは「大間違」であった。むしろ「蘭書を読む力はおのずから英書にも適用して決して無益ではな」かった、と（⑦八二～八五）。

このように、『福翁自伝』を精緻に読み解くならば、福沢は決して、蘭学を無駄なものとして廃棄し英学に進んだのではない。そうではなく、蘭学の蓄積を基礎にしながら、西洋学術を学ぶ言語の軸足を英語へと移したのである。これは決して、語学の学習方法のみに限られたことではない。本書で後ほど取り上げるように、福沢は晩年に至るまで、自らの学問の源流が、近世徳川期の蘭学にあることをくりかえし指摘している。

福沢諭吉の学問や政治思想を語るには、彼自身がその源流に位置づける蘭学から解き明かさなければならない。

近代日本の成立とグローバル・ヒストリー

さらに福沢と蘭学の関係を問うことはまた、世界史の文脈のなかで近代日本の成り立ちを根源的に捉え直す作業とも深く連関する。これまで一般的に、近代日本の出発点は、徳川末期のペリー来航を契機とした「開国」に始まると論じられてきた。そこでは江戸と明治の断絶が強調され、近代国家形成の過程を考える際も、もっぱら開国以降のイギリスやフランス、ドイツ、アメリカの政治学や法学、経済学の受容について検討がなされてきた。
しかし近年、その前提となる歴史認識を問い直す試みが活発化している。

第一に、日本政治思想史の分野では、多くの優れた研究によって、儒学をはじめ、徳川日本における豊饒な学問思想の様態に光が当てられてきた。とりわけ最近では、伊藤仁斎《いとうじんさい》や荻生徂徠《おぎゅうそらい》ら徳川初期の儒学とともに、徂徠以後に花開いた実り豊かな学芸として、折衷学派や考証学派、漢詩文の世界、国学、蘭学、あるいは頼山陽《らいさんよう》の歴史書をめぐり、さまざまな角度から検討が加えられている。そこではまた、儒者や蘭学者、国学者の間で、漢籍や蘭書、日本の古典の解釈をめぐって対等に討議する「会読」と呼ばれるスタイルを用いた読書グループが形成され、徳川政権の学問所である昌平黌《しょうへいこう》や藩校、ならびに民間の私塾において、議論・討論を積極的に重んじる学習方法が普及したことも明らかにされている。一八世紀後期から一九世紀の日本では、これまで想定されていた以上の広がりと深みをもつ文人ネットワークを通じた知の交流が図られていた。

そもそも「文明」という言葉自体、『易経《えききょう》』をはじめ、中国の儒学の古典に由来する漢語である。さらに徳川日本では、商品作物の開発が進み、全国規模の商品流通網が確立され、市場経済が発展するなかで、大坂に町人の学校といわれる懐徳堂《かいとくどう》が設立されるなど、町人たちの関心も学問に向かった。江戸後期になると、商業を通じた富の追求を積極的に奨励する、海保青陵《かいほせいりょう》のような学者も登場した。その後の明治維新や文明開化は、決して突然に起こったわけではなく、それを受け入れる豊かな土壌がすでに一九世紀の徳川日本において培われていたとの指摘もある（渡辺［二〇一〇］、苅部［二〇一七］など）。

第二に、歴史学の世界においても、最新のグローバル・ヒストリー研究の進展のもと、徳川日本を取り巻く世界史の動向や交易の流れが解明され、旧来の「鎖国」像の批判的検討が進んでいる。江戸期の日本は、一七世紀から長崎、対馬、薩摩、松前を通じて、オランダ、中国、朝鮮、琉球、アイヌに開かれ、徳川政権はそこから国際社会の情報を得ていた。近年の研究では、徳川日本の交易や外交を解明するには、オランダ東インド会社が活動を展開したジャワやペルシャを含む、ユーラシア大陸の動きを視野に入れた比較検討が必要であることが指摘されている（羽田［二〇一七］、松方編［二〇一九］など）。

江戸と明治の切断面を強調し、「開国から近代日本が始まった」と考えるこれまでの常識は、もはや必ずしも自明のものとはいえない。もちろん逆に、ペリー来航から明治維新を経て明治国家体制の形成へと至る過程が日本社会にもたらした甚大な影響を軽視することもまた正しくない。福沢自身、明治八（一八七五）年公刊の『文明論之概略』のなかで、儒学が主流であった徳川時代と、西洋文明が洪水のように押し寄せる明治日本とは大きく異なると指摘し、まるで一つの身体で二つの人生を生きているようだとして、「一身にして二生を経るがごとく」と評した（④五）。政治社会は、「革命」的に変わった。では、この大きな動乱のなか、なぜ福沢はそうした鋭く冷静な洞察を提示できたのか。それは、福沢が徳川期から「蘭学」を通じていち早く西洋学術に触れていたからに他ならない。歴史は重層的であり、江戸と明治を架橋する文化的鉱脈の持続と変容に光を当てる必要がある。

徳川日本は、文化的な成熟を背景に、部分的とはいえ世界に開かれていた。その際、当時の学者たちが世界の情勢や学問を知るための手がかりとしたのが、蘭学であった。西洋世界との出会いについても、江戸期の西洋学である蘭学に遡って考えなければならない。

本書の現代的意義

こうした最新の研究動向を視野に入れるならば、大坂の適塾で蘭書の原典に挑み、「会読」を通じて西洋文物への理解を深めた福沢諭吉は、徳川日本における最後の蘭学者の一人であったといえる。果たして福沢は、蘭学を通じていかなる西洋の学問思想に触れたのか。そして維新期を経て明治の時代に入り、蘭学の蓄積を土台としつつ、西洋学術を摂取する言語をオランダ語から英語へと移し替えるなかで、どのようなかたちで西洋世界と格闘し、「文明」の理解を深め発展させたのか。

本書では、福沢が触れた蘭書の背景に広がるオランダ及びヨーロッパの政治動向と知的状況をも検討し、国際的な知性史の視座から、これらの問いを解き明かしていきたい。なお、蘭学というと、医学や天文学が真っ先に想起されるが、本書の分析の射程は、自然科学のみならず、学問一般をはじめ、政治や法、軍事、外交、統計などに広く及ぶ。

東アジアが激動の時代を迎えた一九世紀、福沢は蘭学者としての修業時代を経て、明治日本を牽引する思想家となった。本書は「はじまりの福沢諭吉」に遡り、蘭学を切り口として、世界史の文脈を視野に入れながら、福沢諭吉と一九世紀日本の学問ならびに政治思想の知られざる一断面に光を当てる。それは必ずや、私たちが生きる現代社会の源流を再検討する作業にもつながるであろう。

一九世紀にはインターネットもスマートフォンもSNSもなかった。だが当時の世界では、西洋諸国における産業革命の進展に伴い、蒸気機関や電信が発達し、地球上の時間距離が一気に縮まりはじめていた。ペリー来航と日本の「開国」もまた、こうした人類史上の出来事と無縁ではない。「蒸気、電信、印刷、郵便」の「進歩」は、「人民の往来を容易にし、物品の運送を便利」にした。各地の産物が容易に手に入り、さまざまな情報「インフォルメーション」が即時に世界中を駆け巡る。今や「世界の面」は「狭く」なり、国全体が一つの「都会」と化し、「全世界中に思想伝達の大道」が開かれている。これはすべて、福沢諭吉の言葉である（⑤一三〜四一）。福沢の生きた時代、ヨーロッパにとって「極東」の国である日本もまた、全世界を結ぶ電信のネットワークへと組み込まれていった。それは今日まで続く、グローバル化の出発点であった。福沢は地球全体を覆うコミュニケーションの変容を鋭敏に察し、蘭学修業で身につけた学識と経験を基礎にその原理を探究し、日本の文明化と独立に向けた政治構想を提示した。それだけでなく、来るべき世界を見すえ、交通やメディアの発展が人々の精神にもたらす弊害についても鋭い診断を加えた。

さらにそこでは、文明化と独立をめぐる矛盾と亀裂もあらわになった。グローバル化の波を受け、文明化を推進するなかで、これまでの日本社会を支えてきた伝統的な風俗や習慣、道徳的な紐帯は力を失っていく。しかしひとたび国際政治に目を転じれば、圧倒的な軍事力と経済力を誇る大国が、自国の国益の拡大をめざして鎬《しのぎ》をけずっている。これら強大な諸国と対峙し、日本の国家的独立を維持するためには、自分たちの手で国家を守る国民意識「報国心」を醸成しなければならない。ところが「報国心」の基礎となる、国民を束ねる道徳的な紐帯は失われつつある。どうすればよいか、福沢は憂悶した。果たして福沢の苦悩は、もはや遠い過去のものであろうか。私たちは福沢が生きた時代から、どれほど遠くまで歩んできたのか。日本がその後に辿った歴史も含め、熟考の時が訪れている。

『学問のすゝめ』のなかで福沢は、「信の世界に偽詐《ぎさ》多く、疑の世界に真理多し」と説く。福沢によれば、周りの人々の意見や情報に惑わされず、これまで当たり前と信じられてきた習慣や常識の自明性を疑いながら、物事の真理を探究することが重要である。そして真理を求めるためには「異説争論」、さまざまな人々と議論をたたかわせねばならない(③一二三〜一三〇)。とはいえ、自らとは異なる他者の多様な見解に耳を傾けることは、たいへんなことであり、時間もかかり不自由でさえある。もう面倒だから、誰かに決めてほしい、と思うかもしれない。だが福沢は、『文明論之概略』で喝破する。「自由は不自由の際に生ず」、と(④一四五〜一四六)。互いの見解に疑義を唱えながら、時間がかかっても粘り強く他の人々と討議する。それこそが自由な空間であり、そこにはじめて真実に通じる道が切り拓かれ、独立の精神が陶冶され、社会は文明化に向けて一歩、前進する。福沢はこの学問と政治のあるべきかたちをめぐって、蘭学の伝統にくりかえし立ち戻りながら思索を深めた。グローバル化とコミュニケーション革命の出発点に立ち、文明と独立との間で苦闘した福沢諭吉の思想を読み解く一つの鍵が、ここにある。

『学問のすゝめ』の公刊から、約一五〇年が経った。二一世紀に生きる私たちの社会において、例えば福沢たちが懸命に格闘した「自由」の観念は、もはや自明な当たり前の考えとして定着しているかもしれない。しかし「自由」という名のもとに、自らと異なる他者の見解との衝突を恐れ、自分は自分、他人は他人と考えて、自らの世界に閉じこもり、自分に心地よい情報のみを信じ、結果としてフェイクニュースに踊らされる姿は、福沢の説く「自由独立の気風」の実現といえるだろうか。

もちろん、福沢の思想や言葉をそのまま現代に生かそうと考えたり、今日の価値観から安易な批判を試みたりすることは、アナクロニズムである。現代の思想課題との緊張関係を保ちつつ、歴史の内側から学問的に検討することが求められる。

以上の問題意識のもと、本書は五章から構成される。第一章では、慶應義塾の起源に遡り、福沢諭吉と蘭学との出会いについて検討する。続いて第二章では、福沢の「文明」論の原風景を解き明かすため、「窮理《きゅうり》」の概念を手がかりに、大坂の適塾における蘭学修業と、そこで触れた一九世紀オランダの思想世界に光を当てる。第三章では、福沢が描く「国民」国家像と「独立」の思想の知的源泉を辿り、蘭学を通じた西洋兵学との格闘を分析する。第二章と第三章の成果をもとに、第四章では、二度のアメリカ滞在と一度のヨーロッパ見聞を経験した福沢が維新を経て、蘭学の蓄積を基礎に「文明」と「独立」をめぐる思索をいかに深めたのか考察する。最終の第五章では、地方分権論やアジア論、帝室論など、明治一〇年前後より福沢が展開した政治構想を取り上げながら、その基底に流れる学問論と文明史観を照射する。そして最晩年まで、文明と独立の相剋を鋭く見すえながら、蘭学の伝統に立ち戻り、それを自覚的に継承しようと取り組んだ福沢諭吉の姿を明らかにする。

目次

本書において、福沢諭吉の著作からの引用は慶應義塾編『福澤諭吉全集』全二一巻別巻一冊（岩波書店、再版、一九六九〜七一年）を使用した。引用箇所は⑥二四）というかたちで略記し、巻数を丸文字で囲み、ページ数を付した。引用にあたっては読みやすさを優先し、旧字体を通用のものに、仮名遣いを現行のものに改め、句読点や送り仮名を加えた。また、漢字をひらがなに開き、難文字にルビを振り、カタカナはひらがなに変更している。

あわせて『福澤諭吉著作集』全一二巻（慶應義塾大学出版会、二〇〇二〜〇三年）、『福澤諭吉書簡集』全九巻（岩波書店、二〇〇一〜〇三年）、松沢弘陽校注［一九九五］『文明論之概略』（岩波文庫）、松沢弘陽校注［二〇一一］『新日本古典文学大系明治編一〇　福澤諭吉集　福翁自伝』（岩波書店）、小川原正道編［二〇二三］『独立のすすめ　福沢諭吉演説集』（講談社学術文庫）も参考にした。

第一章　蘭学との出会い

慶應義塾の出発点

現在の東京都中央区。築地から聖路加国際病院まで歩く道すがら、「慶應義塾発祥の地」と書かれた一つの石碑がたたずむ。ここには江戸時代、豊前中津藩奥平家の中屋敷があった。安政五（一八五八）年、中津藩の藩士であった福沢諭吉は、藩命により、この地に慶應義塾の前身となる蘭学塾を開いた。

同じ敷地の奥にもう一つ、石碑が存在する。そちらには、「蘭学の泉はここに」と記されている。ここはまた、福沢による蘭学塾の開設から遡ること約八〇年、一八世紀後半に中津藩の藩医である蘭学者・前野《まえの》良沢《りょうたく》が、杉田《すぎた》玄白《げんぱく》らとともにオランダの解剖書『ターヘル・アナトミア』の翻訳に取り組み、『解体新書』を完成させた場所でもあった。

福沢がこの事実をいつ頃、認識したのかはわからない。

しかし慶應四（一八六八）年四月、築地鉄砲洲の中津藩中屋敷にあった塾を芝新銭座に移し、それまで名称を持たなかった塾を時の元号にちなんで「慶應義塾」と命名した際に著された「慶應義塾之記」には、興味深い記述がみられる⑲三六七〜三六八）。慶應義塾の建学の理念を記したこの文書は、福沢のもとで学ぶ小幡《おばた》篤次郎《とくじろう》が文案を起草し、福沢が加筆して完成させたとされる。同文書は冒頭で、志を同じくする人々が互いに切磋琢磨しながら「洋学」を講究する機関として、今ここに「義塾」を創立すると宣言する。「士民を問わずいやしくも志あるもの」、すなわち武士や平民という身分を問わず、志があれば来学を歓迎する。そう表明したうえで、「洋学」の来歴について、次のように語る。

「慶應義塾之記」によれば、「洋学」の起源は、オランダとの通商交易に携わった長崎のオランダ通詞に遡る。続いて、「宝暦明和」の時代に「青木昆陽《あおきこんよう》」が「その学を首唱し」、さらに「前野蘭化（良沢）、桂川甫周《かつらがわほしゅう》、杉田鷧斎《いさい》（玄白）」らが「和蘭の学」を志すなかで、「洋学」の基礎が築かれた。当時はいまだ「洋学草昧《そうまい》の世」であったが、彼ら「英邁卓絶《えいまいたくぜつ》の士」は、日夜、寝食を忘れて研究に取り組み、ひたすら「自我作古《じがさっこ》の業」に専心した。

その後、「大槻玄沢《おおつきげんたく》」や「宇田川槐園《うだがわかいえん》（玄随《げんずい》）」が登場し、さらに「天保・弘化」年間に至ると、「宇田川榛斎《しんさい》父子（玄真《げんしん》・榕菴《ようあん》）、坪井信道《つぼいしんどう》、箕作阮甫《みつくりげんぽ》、杉田成卿《すぎたせいけい》兄弟（成卿・玄端《げんたん》）、緒方洪庵」らが活躍した。この時代には「読書訳文の法もようやく開け」、多くの翻訳書が次々と公刊される。こうして「蘭学」が成熟した。

そして、嘉永年間のペリー来航を契機にアメリカをはじめ西洋諸国と諸条約を結ぶなかで、「我が邦の形勢、ついに一変」し、「世の士君子」はみな、西洋世界の事情に通じることが「要務」であることを知るようになる。ここに至って、オランダ語を媒介に「医」学ならびに「窮理、天文、地理、化学等の数科」を中心とした「蘭学」は、西洋諸国の諸言語を学び「百般の学科」を対象とする「洋学」へと発展した。ただし、「蘭学」と「洋学」は決して断絶して捉えられるものではない。「蘭学」自体が徳川日本の「洋学」であり、ペリー来航以降の「洋学」の起源である。

福沢と小幡はいう。日本における蘭学を起点とした洋学の歴史的展開は、まさに「一大進歩」を遂げている。青木昆陽が『和蘭文訳』や『和蘭文字略考』といったオランダ語入門を記し、青木に学んだ前野良沢が杉田玄白らと『解体新書』を翻訳出版するなど、それは「楼閣」を下から登るように、時間をかけて一歩ずつ、「必ず漸《ぜん》をもって」漸進的に発展してきた。現今の洋学の発展、「方今、洋学のさかんなる」こともまた、宇田川玄真や榕菴、緒方洪庵ら「天保・弘化」の蘭学者たちの学問的格闘の成果を基礎とする。

そう論じたうえで、福沢たちは高らかに主唱する。「然《しか》らばすなわち吾が党、今日の盛際に遇《あ》うも、古人の賜にあらざるをえんや」。洋学の教育と探究を目的とする「吾が党」慶應義塾もまた、「古人の賜」、すなわち徳川期における蘭学の学問的伝統のうえにこそ成り立つ。その命脈を引き継ぎ、洋学を世のなかに教え広めるのが慶應義塾の使命である、と。

この「慶應義塾之記」が記されたのは慶應四（一八六八）年であり、「はじめに」で触れた安政六（一八五九）年の横浜訪問経験のエピソードから、一〇年近くあとのことである。

こうして福沢諭吉は、「慶應義塾」の誕生に際し、自分たちの学問は「蘭学」の分厚い蓄積と精神を継承し、それを基礎に新たな「洋学」の道を切り拓くものであると強く主張した。後述するように、福沢はこの学問観と歴史認識を生涯にわたって抱きつづけた。

『蘭学事始』にむせび泣く

福沢諭吉は、蘭学の先人の業績にきわめて高い関心を示し、その学問の鉱脈を絶やすことなく自覚的に継承しようという強い意志を持っていた。それを示すもう一つの事例として、杉田玄白の回想録『蘭学事始』をめぐるエピソードを紹介したい。

福沢が後年語るところによると⑲七六九〜七七二)、『蘭学事始』は当初、「蘭東事始」などの書名で、写本として流布していた。しかし安政二(一八五五)年の江戸大地震により、杉田家は甚大な被害を受け、その原本も写本もすべて焼失してしまったと考えられた。ところが徳川末期、福沢の友人である蘭学者・神田《かんだ》孝平《たかひら》が偶然、江戸・湯島聖堂裏の露店で、一冊の古書を発見する。それはなんと、この世から喪失したと思われた、杉田玄白による幻の回想録であった。神田は大喜びでそれを福沢たち学友に伝え、彼らは先を争って写本した。

福沢は当時、親友の箕作秋坪《みつくりしゅうへい》と対座して、この写本をくりかえし読んだ。福沢と箕作はいつも、蘭学の先人たちの苦心や剛勇、誠意に心を打たれ、二人して涙を流し、「感涙に噎《むせ》びて無言に終わる」のが常であったという。時は明治維新の動乱期。戊辰戦争の戦火により、杉田の回想録が再び失われる事態を恐れた福沢は、自ら私財をなげうってそれを版木として保存し、明治二（一八六九）年、『蘭学事始』の出版を実現させた。

ここにも自ら蘭学の継承者となり、その伝統と功績を後世に残そうと試みる福沢諭吉の姿がうかがえる。先に触れた「慶應義塾之記」のなかで福沢と小幡は、前野良沢や杉田玄白の学問的営為を、「自我作古の業」と讃えた。「自我作古」は、「我より古《いにしえ》を作《な》す」と書き下す。過去の因習にとらわれず、自分から新しいことを行い、自らが先例を作ることを意味する。「自我作古」という語は、杉田玄白の『蘭学事始』に見られる。福沢と小幡が「慶應義塾之記」を著す際に、杉田の『蘭学事始』から「自我作古」の語を引いた可能性が高い。現在も慶應義塾は、「独立自尊」とともに、「自我作古」を教育の理念に掲げている。

「蘭学は訳学」――「自我作古」

では、福沢諭吉たちが学び、引き継ごうとした蘭学の営みとは、いかなるものであったのか。「自我作古」という言葉を手がかりに、それを探ってみたい。「自我作古」という漢語自体は、『宋史』や『旧唐書《くとうじょ》』など古くから中国の書籍で使われている。杉田より以前の一八世紀前半、古方派医学の流れに属した学者・香川修庵《かがわしゅうあん》なども、「自我作古」を提唱している。決して、杉田玄白ら蘭学者だけが用いた言葉ではない。

さらに重要なのは、「自我作古」は必ずしも常に肯定的な意味を持ったわけではないということである。時に否定的に用いられ、厳しく批判される場合もあった。というのも、儒学の経典である『論語』には、「子曰く、述べて作らず、信じて古を好む」という一節がある。そこでは、古から伝わる教えや礼法を守ることが重んじられた。こうした立場から見ると、過去の因習にとらわれずに自分から新しい先例を作るという「自我作古」の態度は、非常に傲慢で不遜であるとみなされた。実際、徳川前期に活躍し、古義学を唱えた儒者・伊藤仁斎は『論語古義』のなかで、孔子が説いた「述べて作らず」「信じて古を好む」とは、「自我作古」を批判する言葉であると解説する。仁斎はいう。孔子が聖人であるのは、自分の軽率な功名心から我が意によって先例を作ろうとする態度を戒め、事をなすうえで必ず古を手本とすることを好んだからである、と(『論語古義』巻四、一表~二表)。

むろん杉田もまた、「自我作古」が『論語』の一節と鋭い緊張関係にあることを強く認識していた。『蘭学事始』のなかで杉田は、「自我作古」について次のように語る(『蘭学事始』五二)。オランダ語の医学書を「翻訳」する際、臓器の名称や表現をめぐって、最初は「漢人称するところの旧名」を用いて訳そうとした。しかしその違いは大きく、うまく訳すことができない。そこで熟考を重ねた結果、「自我作古」しかない、すなわち多くの読者に理解してもらえる文章を実現するためには「我より古を作す」しかないと決意し、訳述を「工夫」するに至ったという。ここには、従来の東アジアの用語では捉えられない、新たな事物や概念の翻訳に初めて取り組む、蘭学者としての覚悟と信念が示されている。

江戸時代の文脈において「自我作古」とは、何でも新しいことにチャレンジしなさい、といった軽薄な意味ではない。「自我作古」とは、歴史的に先人たちが積み重ねてきた学問や教えを重んじ、深い敬意を払ったその先に、それでもなお従来の概念や枠組みでは捉えられない事象に直面した際、決意をもって一歩前に足を踏み出す学術的態度であった。

そして何より注意すべきは、杉田において「自我作古の業」が、「翻訳」の作業と深く結びついていたことである。蘭学では、文字も文法も異なり、時には概念や思想さえ異質な、異文化の言語である西洋のオランダ語を、いかに自らの文化圏の言語に置き直して理解するかが最大の課題だったのである。

もちろん、蘭学者たちは広く西洋学術に触れるなかで、旧来の儒学的な世界認識を根底から改めた。例えば杉田玄白は、「中華」を世界の中心と考える旧来の世界観を問題視し、人間がのっとるべき「道」とは決して中国の聖人が作ったものではなく、天地自然のものであると批判した。そのうえで、杉田は喝破した。地球は「一大球」であり、「万国」はそのうえにひとしく「配居」している。誰もが自分の国を世界の中心であると誤解しているが、地球全体でみれば、中国もまた「東海一隅の小国」に過ぎない、と（「狂医之言」二二九〜二三〇）。

しかし同時に蘭学者たちは、自らが生きる東アジアの思想的伝統を批判的に相対化しつつも、翻訳によって西洋学術の内容を説明するためには、東アジアの語彙や概念を用いる必要があった。それゆえ蘭学者は漢語にも深く精通し、そこに伏在する普遍的な含意を内在的に拡張させ、最大限に活用した。東アジアの学問的伝統を基礎に、西洋文物と不断の対話を試み、翻訳を通じて、古くから存在する漢語に新たな意味を吹き込んだのである。

大槻玄沢は蘭学を「訳学」と捉え、「訳は蘭学者の真訣《しんけつ》なり」と説いている（「蘭訳梯航《ていこう》」三八六、三九二）。蘭学者たちはその出発点から、西洋世界という自らと異質な文化圏のなかで形成された概念や思想を、自らの思想的伝統の内側から捉え直し、社会に定着させる「翻訳」に自覚的であった。「自我作古の業」とは、初めて触れる西洋の概念と東アジアの文化的伝統との間の緊張関係のなかで営まれる「翻訳」の作業と不可分な関係にある。

福沢と小幡は、こうして洋の東西の架橋を試みる蘭学の営為に光を当て、杉田玄白ら蘭学草創期の学者たちの学問活動を、「自我作古の業」として称揚することによって、慶應義塾がその精神を継承するものであることを、高らかに宣言したのである。

これからみていくように、福沢の思想を支える柱となる「文明」や「窮理」、「演説」、「自由」や「通義」といった概念もまた、翻訳を通じた思想的格闘の産物である。

中津・長崎・大坂

福沢諭吉はどのようにして蘭学と出会ったのか。生い立ちから振り返ってみよう。

諭吉は、天保五年一二月一二日（一八三五年一月一〇日）、大坂・堂島にある豊前中津藩の蔵屋敷に、父・百助《ひゃくすけ》と母・順《じゅん》の第五子として誕生した。福沢家は代々、中津藩の藩士のなかで身分の高くない下士に属した。福沢が後年、『福翁自伝』のなかで、生まれや家柄で将来の職業や一生が決まる旧来の「封建制度」を憎み、「門閥制度は親の敵《かたき》でござる」と語ったことは有名である（⑦一二）。父・百助は廻米方《かいまいかた》をつとめる小役人であったが、天保七年、諭吉が三歳の夏、四五歳の若さで急逝した。そのため、幼子であった諭吉を含む母子六人は、大坂から中津へと帰郷する。大坂で大塩平八郎《おおしおへいはちろう》の乱が起こる、約半年前のことであった。

諭吉は中津時代、一四、五歳の頃から藩儒の野本真城《のもとしんじょう》や白石照山《しらいししょうざん》のもとで本格的に儒学を学んだ。なかでも、徂徠学を修めた亀井昭陽《かめいしょうよう》の学風をひく白石照山から多くを教わった。諭吉は『春秋左氏伝』を好んで「全部通読、およそ十一たび読返して面白いところは暗記」しており、「漢学者の前座」くらいの才覚はあったと自ら語っている（⑦一二）。

嘉永六（一八五三）年六月、ペリー率いる黒船が浦賀に来航すると、中津でも西洋兵学や海防論が話題となった。そんな折、兄・三之助《さんのすけ》は諭吉に対して、和蘭の「砲術」を習得するため、長崎に行ってオランダ語を学び、蘭学修業に励んだらどうかと勧める。『福翁自伝』に従えば、兄・三之助は、儒者でありながら蘭学を媒介にヨーロッパ天文学や自然科学にも造詣の深い学者・帆足万里《ほあしばんり》の流れを汲み、数学にも精通していた(⑦一六)。

近年の研究によると、中津藩では「蘭癖」の藩主・奥平昌高《おくだいらまさたか》の存在もあり、ペリー来航以前より、江戸藩邸で多くの藩士が佐久間象山《さくましょうざん》の塾に入門するなど西洋砲術の学習が進められていた。その一因として、『解体新書』に携わった前野良沢が、中津藩の藩医であったことも無縁ではない。国もとの中津でも、藩儒・野本真城を中心に、海防論や西洋軍事技術に強い関心が寄せられた。この野本真城のグループに、諭吉の兄・三之助もいた。諭吉の長崎遊学は、彼ら中津藩の改革派グループによる支援を背景に実現したという(小久保[一九八二]、河北[一九九三]、野田[二〇〇七]、平山[二〇〇八]、松沢校注[二〇一一])。

嘉永七(一八五四)年二月、蘭学を志して長崎に出た諭吉は、当初、中津藩の上士で家老の家柄の子息・奥平壱岐《おくだいらいき》を頼り、桶屋町にある光永寺に身を寄せた。その後、砲術家・山《やま》本物次郎《もとものじろう》の家に食客として住み込み、薩摩藩の医学生・松崎鼎甫《まつざきていほ》をはじめ、オランダ通詞や蘭方医からオランダ語の手ほどきを受けた。

そして一年後の安政二(一八五五)年、長崎を出奔して大坂に出た諭吉は、そこで蘭医・緒方洪庵が主宰する蘭学塾である適々斎塾、通称「適塾」に入門する。ところが翌年三月に諭吉は腸チフスに罹《かか》る。快復したものの療養のため、兄・三之助とともに一時帰郷した。その後、大坂に戻って適塾に通学するが、九月、中津で兄・三之助が病死。諭吉は再び中津に帰るが、「砲術修業」という名目で願書を藩庁に提出し、大坂に戻ってくる。緒方洪庵と面会し、適塾の内塾生となった諭吉は、塾に住み込みながら蘭学の学習に励んだ。やがて適塾の塾長となり、その暮らしは安政五（一八五八）年の秋頃まで続いた。

「日本国中洋学の泰斗」緒方洪庵――福沢の文章戦略

蘭学塾である適塾は、福沢諭吉をはじめ、福沢の生涯にわたる親友であり公衆衛生行政の礎を築いた長与専斎《ながよせんさい》、日本赤十字社の初代社長に就いた佐野常民《さのつねたみ》、工部大学校長や特命全権清国駐箚《ちゅうさつ》公使を歴任した大鳥圭介《おおとりけいすけ》、さらには箕作秋坪や寺島宗則《てらしまむねのり》、大村益次郎《おおむらますじろう》など、明治日本の建設に携わる多くの人材を輩出した。同塾は天保九（一八三八）年、大坂瓦町に開かれ、約七年後の弘化二（一八四五）年の暮れに過書町へと移転した。福沢が入門したのは、過書町の適塾である。

適塾を主宰する蘭学者・蘭医である緒方洪庵は、中天游《なかてんゆう》や坪井信道、宇田川榛斎から蘭学の薫陶を受け、長崎に遊学した後、大坂に戻って開業し、あわせて適塾を開塾した。嘉永二（一八四九）年に大坂除痘館を設立し、天然痘の予防に尽力したことはよく知られる。

さらに『病学通論』や『扶氏《ふし》経験遺訓』をはじめとした著訳書を公刊し、西洋医学の普及に取り組んだ。また『虎狼痢《ころり》治準《ちじゅん》』の出版を通じて、コレラ治療にも貢献した。

福沢が適塾を去った後の文久二（一八六二）年、緒方は徳川政権から江戸に招かれ、奥医師に任命された。さらに西洋医学所頭取兼帯《けんたい》に就き、法眼《ほうげん》にも叙せられた。しかし江戸に移住した翌年の文久三年六月、突然吐血し、急死した。享年五四であった。

福沢は緒方を「日本国中洋学の泰斗」「その緻密なることとその放胆なること実に蘭学界の一大家、名実ともに違わぬ大人物」と評し、終生にわたって学問の師として敬慕しつづけた（⑲七一三、⑦六九）。同時に、福沢が腸チフスを患った際には緒方が献身的に看病するなど、「親子」のような関係性であったという（⑦三五〜三七）。

では、緒方洪庵は福沢にどのような学問的影響を与えたのか。福沢自身が語る最も大きな影響の一つは、翻訳文体の革新である。

明治三〇（一八九七）年公刊の「福沢全集緒言」のなかで福沢は、自らの「平易にして読み易」い文体は「大阪の大学医緒方洪庵先生」に「由来」すると論じる（①三〜七）。緒方はつねづね、「翻訳」は原書を読めない人のために行うものであり、原書に拘泥して難しい字をもてあそぶな、できるだけわかりやすい文章を心がけろ、と諭したという。福沢は緒方から、「訳学」である蘭学の文体を徹底的に訓練された。緒方の翻訳法の精髄について、福沢は最晩年の談話のなかでも次のように語っている。

翻訳をする時はひとまず原書を熟読して、その意味を脳中に納め、それから沈思黙考して、その意味を新しく我が国の文章に組み立つる様にせねばならぬ

（中山［二〇〇八］、八一）

ここに、「翻訳」の極意がある。福沢は適塾を離れ、江戸に移って以降も、緒方から受けたこの指導を忘れなかった。そしてその後、翻訳だけでなく、自らの著書を記す際にも、常に「平易を主とする」ことを心がけた。そこから編み出されたのが、「俗文中に漢語を挿み」「雅俗めちゃめちゃに混合せしめ」るという、福沢独自の文体であった。身分の差や教育の有無に関係なく、あらゆる読者を想定し、「通俗一般に広く文明の新思想」を普及する洋学者・福沢諭吉の文章戦略は、こうした経験と訓練をもとに確立された（①五〜七）。

福沢を当代一流の著名な思想家へと導いた、その新鮮な文章スタイルは、まさに「訳学」すなわち翻訳学としての伝統を誇る蘭学を学び、実際に蘭書を訳述しながら、緒方洪庵の薫陶を受けるなかで形成されたものであった。福沢は語る。「余が著訳の平易をもって終始するは誠に先生の賜にして、今日に至るまで無窮の師恩を拝するものなり」と（①五）。

貴賤貧富を顧ることなかれ

さらに、翻訳文体の問題は、「誠に類《たぐ》い稀《ま》れなる高徳の君子」（①四）と福沢が評する、緒方洪庵の蘭医としての生き方や人生哲学とも関連していた。

蘭学者・緒方洪庵の代表作といえる翻訳書に、『扶氏経験遺訓』がある。同書は、イエナ大学及びベルリン大学で教授をつとめたフーフェランドの著作『医学必携』の第二版（一八三六年刊）の蘭訳版を原典とする。『扶氏経験遺訓』はその抄訳だが、緒方はまたそれとは別に、同書の巻末に付された「医師の義務」も翻訳し、「扶氏医戒之略」を作成した。医師への戒めの言葉を列挙した同文書を、緒方は平易な表現で一二ヵ条にまとめ直した。緒方が訳した「扶氏医戒之略」は、福沢たちが学び、寝泊まりした適塾に掲げられた。

そこではまず、「医の世に生活するは人の為のみ」として、医師の職分は人を救うことであり、自らの名声や利益を求めてはならないと唱えられる。この教えに続いて、「病者に対しては、ただ病者を視るべし。貴賤貧富を顧《かえりみ》ることなかれ」と説かれる（梅溪［二〇一六］、一八二）。医師は、病人を貧富や貴賤で差別してはならない。これはまた、緒方自身の哲学でもあった。少なくとも福沢はそう考えた。福沢は最晩年に緒方を回想し、「先生は一向患者に障壁を置かない、女郎でも芸者でも大名でも金持ちでも、ちっとも診察に異なりはなかった」と述べている（中山［二〇〇八］、八二）。このような緒方の医師としての姿勢は、できるだけ平易な文体で翻訳するという蘭学者としての態度と根底で結びつく。

それゆえに、文久二（一八六二）年に緒方が徳川政権から江戸に招かれ、奥医師に任命され、そこで急逝したことについて、後に福沢は忸怩《じくじ》たる思いを吐露している（⑲七二一～七二三）。福沢によれば、当時の緒方から話を聞く限り、徳川政権の命によって大坂を去り、江戸に行くことについて、緒方自身は乗り気ではなかった。江戸への移住は、自らの意志とは別に、「内外の事情に迫られ」てのことであった。福沢は語る。「日本国中洋学の泰斗」である緒方先生は、江戸で徳川政権のためではなく、「関西大坂の地」で「独立」して、天下の師弟に蘭学を教え、医者として人々の病を治すことを使命とした。それこそが、緒方先生の志であった、と。

独立と平等の精神

福沢諭吉は明治三四（一九〇一）年一月二日、三田の寓居を訪れた客人との談話のなかで、緒方洪庵が残した書物や文書を所蔵する「洪庵文庫」の設立に強く賛意を示すとともに、何としても自らの手で緒方の伝記をまとめて発表したいと述べた。緒方先生の学識や行状は、門下生のなかで自分が最もよく知っており、「どうかこうか四五月頃までには書き終わる」ことができるだろう（中山［二〇〇八］、七九）。

しかし、それから三週間後の一月二五日、福沢は脳溢血症を再発させ、二月三日、帰らぬ人となった。福沢は死の直前まで、緒方洪庵の伝記を編纂しようと計画していたのである。この最晩年の談話でも福沢は、「殊に私は数多《あまた》ある門下生の中でも最も先生に寵愛せられ」た、と臆面もなく語る（同上、八〇）。この無邪気な発言のうちに、二〇代はじめの青年期から生涯にわたって抱きつづけた、師・緒方洪庵への敬慕の念が見え隠れする。

本章でみてきたように、蘭学の師・緒方洪庵が、学者としての一歩を踏み出す修業時代の若き福沢諭吉の思想形成に与えた影響は大きい。後に福沢は『学問のすゝめ』のなかで、「万人は万人みな同じ位にして、生れながら貴賤《きせん》上下の差別なく」と人間の平等性を唱えた（③二九）。さらに、「人間の事業はひとり政府の任にあらず、学者は学者にて私に事を行うべし、町人は町人にて私に事をなすべし」として、民間において私立の立場で業を営む「独立」の重要性を訴えた（③五三）。福沢にとって緒方は、独立の精神や平等の思想を体現した存在であった。そして何よりも、緒方に鍛え上げられるなかで、福沢は誰にでもわかりやすく平易に語りかける、独特な文体を身につけた。

本章の冒頭で触れた「慶應義塾之記」に立ち戻れば、「洋学」の基礎を作り上げてきた当代一流の蘭学者たちの名前の最後に、「緒方洪庵」の名があることは意義深い。こうして福沢は、蘭学の先人たちが「自我作古の業」に果敢に取り組み、積み重ねてきた分厚い学問的蓄積と不屈の信念を自覚的に継承しながら、「士民を問わずいやしくも志あるもの」が切磋琢磨するための学び舎として、慶應義塾を創設したのである（⑲三六七）。

第二章　学問と自由の原体験

――徳川日本と一九世紀オランダ

「異説争論の際に事物の真理を求むる」

『学問のすゝめ』のなかに、「異説争論の際に事物の真理を求むるは、なお逆風に向かって舟《ふね》を行るがごとし」という有名な一節がある（③一二四）。世の中に流通する主張や学説に対して、それがほんとうに正しい内容か、常に疑いの目を向け、人々がさまざまな角度から検討し議論するなかで、事物の真理が少しずつ明らかになる。そうして一歩ずつ文明化を進める社会の様態を、福沢は逆風のなかを目的地に向かって進む船になぞらえた。

真理の探究と、自由な討議空間の確立。本章では、明治期以降の福沢諭吉の文明論を支えるこれらの思想の源流が、「蘭学修業」時代にあることを明らかにする。福沢が適塾で学んだ勉強方法や、蘭学を通じて垣間見た西洋世界に光を当て、文明論の原点を探索したい。手がかりは「会読」と「窮理」である。「窮理」とは、世界の万物の真理を探究する学問的態度をいう。江戸時代の蘭学者は、西洋の学術は「実測窮理」に優れているとして、自らの学問を「窮理の学」と呼んだ。

「目的なしの勉強」こそ真の学問――適塾での日々

福沢諭吉は『福翁自伝』のなかで、緒方洪庵の適塾で学んだ日々を「蘭学修業」の時代と評する（⑦三五）。そんな適塾の建物は、大阪市中央区北浜、多くのビルが立ち並ぶオフィス街の一角に今も残る。一九七〇年代の解体修復工事を経て、現在、大阪大学により一般公開されている。近くには懐徳堂の旧阯碑もある。江戸時代に時計の針を巻き戻したかのような、趣のあるその町屋に足を踏み入れると、むせかえるような夏の暑さのなか、裸で勉学に励む福沢たち塾生の活気あふれる議論が聞こえてくるような心持になる。

適塾の塾生はほんとうによく勉強したという。福沢自身、寝る間も惜しんで蘭書に挑んだと語り、「学問勉強ということになっては、当時世の中に緒方塾生の右に出る者はなかろう」と胸をはる。そして、塾生たちは「いろいろの事について互に論じ合」い、よく「議論」した（⑦六五）。青春時代を謳歌し、時にやんちゃないたずらをしながらも、学問に打ち込む日々。福沢は後に適塾での「蘭学修業」を振り返り、次のように語る（⑦七五〜七七）。「どうしたらば金が手にはいるだろうか」。どうすれば「立派な家に住」み、「旨い物を喰い、好い着物を着られるだろうか」。そんなことに気をとられていたら、「真の勉強」はできない。ただひたすら、「むつかしい原書を読んで面白が」って楽しむ。この「目的なしの勉強」こそが、真の学問である、と。適塾には、まさに「真の勉強」が存在した。

自分たちは所詮、「貧乏をしても難渋《なんじゅう》をしても、粗衣粗食、一見《み》看る影もない貧書生」である。しかし、自分たちのようにオランダ語を理解して「西洋日進の書を読むことは日本国中の人にできないことだ」。そんな自負を抱きながら、「智力思想の活潑高尚」をめざして、難解なオランダ語の原書と格闘する。それが適塾で過ごした青春の日々であった。

誰にも頼らない実力勝負の世界

福沢と苦楽をともにした親友・長与専斎は当時の適塾について、次のように語る。元来は「医家の塾」だが、実際には「蘭書解読の研究所」となった。医学だけでなく、兵学や砲術、植物学や化学など、西洋のさまざまな学問を志す若者が集まって、蘭書を解読する技術を磨いた、と(「松香私志」一一二)。

『福翁自伝』によると、適塾では入門するとまず、「ガランマチカ」(『オランダ語文法』)と「セインタキス」(『オランダ語の統語法』)という二冊の「和蘭の文典」の蘭書を使って、オランダ語の文法や読解に関する「講釈」と「素読」の指導を受けた(⑦六六)。

一通りオランダ語の文法を習得し、蘭書を読めるようになると、「会読」に参加する。そのほか、緒方洪庵の講義や、最上級の塾生だけの会読、先進生による蘭書の講釈などもあった。また授業とは別に、塾生たちで集まって、適塾の庭などで、「塩酸亜鉛」や塩化アンモニウム、ヨードなどを発生させる科学的な実験(「試験」)も熱心に行った。

特に福沢が強調するのが、「会読」の重要性である。会読とは、複数の塾生が集まって、課題である蘭書について自らの解釈を披露し、討議するなかで、読解の優劣を競う授業である。会読本でわからないところがあっても、一字たりとも他人に質問できない。不明な箇所は、辞書を引く以外にない。会読前夜には、長崎のオランダ商館長ドゥーフが手がけた「蘭学社会唯一の宝書」である蘭日辞典「ヅーフ」が置かれた通称「ヅーフ部屋」に、何人もの塾生が群れをなし、無言で辞書を引いて勉強した。誰にも頼らず、「自身自力の研究」を競う、「正味の実力」が問われる実力勝負の世界。福沢たち塾生は、一人で原書と真摯に向き合うなかで、蘭文の読解力と独立の精神を養った（⑦六六〜六九）。

演説・討論の原点――会読という知的共同体

福沢諭吉は明治期に入ると、英語のスピーチ（speech）を「演説」と翻訳し、明治八（一八七五）年に日本で最初の演説会堂となる三田演説館を建設した。もともと「演説」という漢語は、道理や意義を説くことを指し、仏典などにみられる。福沢はこの漢語の「演説」に、「大勢の人を会して説を述べ、席上にて我思うところを人に伝るの法」（③一〇二）という新しい意味を付与し、演説や討論を重んじる政治文化を創出しようと試みた。

こうした明治期以降の福沢の活動と、徳川期の適塾での会読の経験とは、どのように関係するのか。これは、研究史上の大きな論点の一つである。

福沢は『学問のすゝめ』で、「我国には古よりその法あるを聞かず」として、スピーチの習慣が日本には欠落してきたと断じる。だが同じ文章のなかで、スピーチを「学問の道」の一つと捉え、「学問の本趣意は読書のみにあらずして精神の働にあり」とも語る。「私に沈深《ちんしん》なるは淵の如く、人に接して活潑なるは飛鳥の如」し。読書を通じて思索を深め、その学識をもとに、演説討論を通じて異なる人々と活発に議論する。そうした積極的な精神の持ち主こそが、ほんとうに学問を身につけた「真の学者」である（③一〇二〜一〇四）。

このような福沢の言説に触れると、適塾時代の会読の経験と、明治期における演説討論をめぐる議論には、少なからぬ関係があると考えられる。

生徒が先生から一方的に学ぶ素読や講釈と異なり、会読では参加者が互いに対等な立場からテキストを読み、自らの見解を披露し、討議する。前田勉氏の研究［二〇一八］によれば、江戸時代、会読の学習法は適塾だけでなく、さまざまな藩校や私塾で広く実践された。福沢自身、少年期に中津で儒学を学んだ際、「読書会読」を行ったと回顧している。会読は儒学の「講習」「討論」を淵源とするが、徳川日本では荻生徂徠の蘐園社中《けんえんしゃちゅう》で盛んに行われ、それが一八世紀以降、全国に広がり、蘭学や国学の学習にも用いられた。

特に蘭学は、前章で触れたように、端緒となる『解体新書』自体が、杉田玄白や前野良沢らによる共同作業の成果であり、その成り立ちから会読の要素を多分に含んでいた。

なぜ江戸時代の日本では会読がここまで広がったのか。前田氏が強調するのは、徳川日本が「科挙のない国」であったことである。同時代の中国や朝鮮では、儒学を学び、官吏採用試験である科挙に合格することによって、高級官僚となり、富や名誉を得る道が開けた。それに対して、徳川日本は家柄や家格を重んじる身分制的な家職国家であり、むろん流動的な要素も存在はしたが、学問をすれば立身出世ができるような科挙の制度は存在しない。そうしたなかで、それでもなお学問を志す人々は、家柄や身分をこえ、互いに対等な立場から実力を競い合う会読を通じて、文芸的な知的共同体を形成した。

実際、前田氏も指摘するように、『福翁自伝』には興味深い記述がある。下級武士の家に生まれた福沢からみて、幼少期に過ごした中津の「藩風」は、家柄によって一生の「貴賤上下の区別」が定まる、閉塞した「封建の門閥制度」であった。ところが、「会読」の場だけは異なった。「そのくせ今の貴様とか何とかいう上士族の師弟と学校に行って、読書会読というようなことになれば何時《いつ》でも此方《こっち》が勝つ」(⑦一一、一九〜二〇)。

徳川の「門閥制度」に不満を抱く福沢にとって、身分や家柄にとらわれず対等に議論し、精神を活発に働かせて「智力思想」の「正味の実力」を競う会読は、学問の醍醐味を味わう貴重な場であった。演説や討論を重んじる福沢の思想の基底には、この経験が存在する。

福沢は明治期に入り、適塾同窓の会合に出席した際、徳川期の蘭学修業を回顧して、次のように語っている。ここにいる卒業生の多くが、明治の世で栄達を重ね、政府高官や軍人、医師、商人として活躍している。しかし適塾で「ぎゃあぎゃあ書を読」んでいた頃は、まるで「おたまじゃくしが小溝に群鳴」しているようであった、と(19)五九八)。

福沢にとって適塾は、家柄や家格を重んじる閉塞的な徳川の「門閥制度」から隔絶した世界であった。カエルになる前のオタマジャクシのように、貧しい書生同士が金儲けや立身出世などいっさい考えず、ひたすら独力で難しい蘭書に向き合い、「智力思想の活潑高尚」を貴び、互いに対等な立場から、「ぎゃあぎゃあ」と討論を行った。「真の勉強」に没頭した蘭学修業の日々のうちに、福沢は文明社会の原風景を見出したのである。

生理書と「万物の霊」

それでは福沢諭吉は会読などの蘭学修業を通じて、いかなるオランダ語の書物に触れ、どのような西洋の思想世界を垣間見たのか。人間の身体の「理」を窮《きわ》め、その原理と働きを解き明かす、「生理学」とのかかわりを示すエピソードから検討してみたい。

『福翁自伝』によると、安政五(一八五八)年、大坂の適塾を去り、江戸に出て蘭学塾を開いた福沢は、ある日、同じく適塾で学び、一足早く江戸に出ていた蘭医・島村鼎甫《しまむらていほ》の家を訪問する。そこで福沢は、島村の質問に答えるかたちで、オランダ語の「生理書」の読解に挑んだ（⑦七九～八〇）。この「生理書」とは、オランダの在野の学者であるダウヴ・ルバッハ（Douwe Lubach）の著作『生理学に関する第一原理』（一八五五年刊）である。それから約八年後の慶應二（一八六六）年に、島村の手によって『生理発蒙』として翻訳出版された。

同書は、人間の身体の組織、飲食や消化、代謝、血液、神経、筋肉、五感などを平易に解き明かした生理学の入門書である。福沢と島村はこのとき、「光線と視力との関係を論じ、蠟燭《ろうそく》を二本点《つ》けてその燈光をどうかすると影法師がどうとかなる」という一節に頭を悩ませたという。それは視覚と網膜の働きを説明した、第三章第四節にあたる。

ルバッハはその導入部で、人間の高貴な義務とは、より高次の人間存在をめざして活動することであり、精神的生活を豊かにするためにも、身体の働きを解き明かす生理学を学ぶことは肝要であると訴えた。『生理発蒙』のなかで島村は、この箇所を「けだし人と生《うま》るれば、その天賦を竭《つく》して至極の域に底《そこ》り、またその万物の霊たる所以の本を務むべきは、誠に是《こ》れ人の一大箴《しん》なり」と訳す。「現世の生存」こそが「最大無比の幸福」である。島村が翻訳で用いる「万物の霊」は、儒学の古典『書経』の一節「惟人万物之霊」などを典拠とする。万物のなかで、最も霊妙で優れていることを意味する（*Eerste grondbeginselen der natuurkunde van den mensch*, 1-3,『生理發蒙』巻一、一表～五裏）。

興味深いことに、福沢諭吉も後に多くの作品で、人間は「万物の霊」であるという漢語表現を好んで用いた。『学問のすゝめ』の冒頭では、有名な「天は人の上に人を造らず人の下に人を造らずといえり」の一節の後ろに、次の文章が続く。

されば天より人を生ずるには、万人は万人みな同じ位にして、生まれながら貴賤上下の差別なく、万物の霊たる身と心との働をもって天地の間にあるよろずの物を資《と》り、もって衣食住の用を達し、自由自在、互に人の妨げをなさずしておのおの安楽にこの世を渡らしめ給うの趣意なり。（③二九）

「万物の霊」として、生まれながらの「天賦」の能力を「自由自在」に活用することは、すべての人間のつとめである。こうして福沢が後に定式化する普遍的な人権思想の萌芽は、すでに「生理学」などを通じて、徳川後期の蘭学の学術世界のなかで広く培われていた。

蘭書の先にあったオランダの学問文化

さらに注目すべきは、徳川日本へと流れ込むこれらの蘭書をうみだした、当時のオランダの学問文化である。同書の著者であるルバッハは、一八一五年にオランダ北部の街・ドックムに生まれ、フローニンゲン大学で医学博士号を取得した後、ホラント州などの医療監察官に就き、公衆衛生行政や統計調査に従事した。その傍ら、在野の研究者として、多数の科学書や論稿を発表した。なかでもルバッハが残した大きな功績に、ポピュラーな科学雑誌『自然のアルバム』の創刊がある。加えて、ルバッハは「一般社会の利益のために」協会の活動に深く携わり、またテイラース博物館の図書館司書もつとめた。

オランダでは啓蒙の世紀といわれる一八世紀中葉以降、自然科学や数学の大衆化が進んだ。アムステルダムなどさまざまな都市で、大学教授とともに、医師や学校教師、エンジニアや測量士などの仕事に就く一般の市民を担い手とした多くの学会・科学協会が設立された。これらは政府による官立ではなく、学者と市民が自発的に、自らの手で創設した自由な結社であった(吉田[一九八二]、八耳[一九九九]、大久保[二〇二〇][二〇二二]参照)。

その代表的存在の一つが、ルバッハもかかわった「一般社会の利益のために」協会である。一七九四年に創設された同協会は公共的な利益と社会福祉の拡充を目的に、多数の入門的な学術書を刊行し、市民に有用な科学を広めた。また膨大な蔵書数を誇る図書館を併設するハールレムのテイラース博物館は、電気・力学・化学の分野の実験器具や、博物学・動植物学の標本、化石を展示し、広く市民に公開した。このような学問思潮を背景に、ルバッハらが一八五二年より公刊した雑誌『自然のアルバム』は、異例の人気を集めた。

じつに興味深いことに、徳川後期日本における蘭学の発展は、こうしたオランダの学術世界の潮流と深く結びついていた。例えば、蘭学者・小関《こせき》三英《さんえい》が翻訳した『新撰地誌』（天保七〈一八三六〉年刊）の原典である、プリンセン著『地理学の教科書』。青地《あおち》林宗《りんそう》の『気《き》海観《かいかん》瀾《らん》』（文政一〇〈一八二七〉年刊）や川本《かわもと》幸民《こうみん》の『気海観瀾広義』（嘉永四〜安政五〈一八五一〜五八〉年刊）に活用されたボイス著『物理学の教科書』。これらはすべて、「一般社会の利益のために」協会から出版された入門書であった。プリンセンの地理書は、共和政などヨーロッパの政治体制についても解説しており、渡辺《わたなべ》崋山《かざん》ら多くの学者を魅了した。

福沢もその学問的な恩恵をたっぷり受けていた。例えば先に触れた、適塾で初学者が使用した蘭書「ガランマチカ」と「セインタキス」は、ともに「一般社会の利益のために」協会から出版されたオランダ語入門である。また福沢は当時を回顧して、「塾用の読本」として「物理書はSchool boek又はVolks Natuurkundeなどいう彼の国の小学中学等に用うる読本」を「対読会読して意義を研究した」と語る（⑥四二八〜四二九）。これも、「一般社会の利益のために」協会から出版された、ボイス著『物理学の教科書』（*Natuurkundig schoolboek*）、ならびに『国民の物理学』（*Volks-Natuurkunde*）を指す可能性が高い。

このように、福沢をはじめ、徳川後期の蘭学者たちの学問の背景には、政府とは異なる領域で、学者や市民たちが自らの手で自発的に学術結社を設立し、文明化と福祉の向上をめざして自由で多様な活動を展開する、一九世紀オランダの成熟した市民社会があった。

本書第四章で検討するように、明治期に入り福沢は、民間の立場から学者や人々が集まり自由に討議する自発的結社のうちに、文明社会の原理を見出した。そして自ら、『訓蒙《きんもう》窮理図《きゅうりず》解《かい》』や『世界国尽』など、西洋の学術や文化を平易に解説した書物や翻訳書を多数公刊するとともに、森有礼《もりありのり》や加《か》藤弘之《とうひろゆき》らと学術結社である明六社《めいろくしゃ》の活動に携わった。

『文明論之概略』のなかで福沢は、西洋の文明社会では、学者が「社中」を結成し、「議論新聞等の出版」が行われ、「技芸の教場」が一般に開かれるなど、政治とは切り離された「私の企て」が浸透していると指摘する（④一六〇）。当時のオランダでは、じつに多彩な学術結社が創設され、『自然のアルバム』などの科学雑誌が人気を博し、テイラース博物館のような「技芸の教場」に人々が集まり、さまざまな実験が披露された。エンジニアや製造業者は、そうした科学的な発明の成果を自らの仕事に応用した。後述のように、明治期の福沢の言説や活動は、西洋諸国に渡り現地で見聞を深めた経験に大きく依拠する。しかしその原点として、蘭学修業のなかで手にした蘭書の先には、薄明かりのなか、一九世紀ヨーロッパのポピュラー・サイエンスとそれを支える自由な学問文化が広がっていたのである。

自然を解明する物理学――「ワンダーベルツとなん題する窮理書」

続いてもう一冊、今度は「物」の「理」を探究する西洋物理学書として、『福翁自伝』や

『福翁百餘話』に登場する、「ワンダーベルツとなん題する窮理書」を取り上げよう。同書は「ワンダーベルト」とも記される。適塾時代の安政四（一八五七）年、緒方洪庵が筑前福岡藩の藩主・黒田《くろだ》長溥《ながひろ》から、一〇〇〇頁に及ぶ同書を三日間だけ借り受けた。そこには「ファラデーの電気説」を土台にした「電池の構造法」の説明など「誠に新しい事ばかり」記されており、驚愕した塾生一同は「末段のエレキトルの処」だけ写本した（⑦七三〜七四）。

　福沢によると、すでに「従前の窮理書」を通じて、摩擦電気や、ガルヴァーニの実験に基づくボルタ電池については熟知していた。たしかに、宇田川榕菴が天保八（一八三七）年から公刊した『舎密《せいみ》開宗《かいそう》』では、ボルタ電池の仕組みが解説されている。しかし「ワンダーベルト」はまったく異なる、と福沢は説く。同書には「英国電気学の始祖とも称すべきファラデー氏の新説」が紹介されており、適塾の塾生たちは「茫然心酔」した（⑥四二九〜四三〇）。

　近年、東田全義氏［二〇〇二］により、「ワンダーベルト」が、ファン・デル・ブルク(Pieter van der Burg) の著書『物理学の第一原理』（第三版、一八五四年刊）を指すとの考証がなされた。この説をもとに、同書をここで独自に読み解いてみよう。この作品はナイメーヘンのギムナジウムで数学や物理、地理の教師をつとめたファン・デル・ブルクによる物理学入門である。その導入部では、人間は理知的な能力を養うなかで、迷信から解放され、限りなき知性と愛を育むことができると指摘され、人間を取り巻く自然界について解明する物理学は、医師やエンジニア、製造業者など多くの人々の助けになると説かれる。

電気を論じた最終章では、一八世紀末のガルヴァーニ電流やボルタ電池の発明にはじまり、アンペールやシュタインハイルなどさまざまな科学者の実験、さらには一八三〇年代に入りファラデーが発見した電磁誘導について検討される。そして電流の磁力作用を応用するなかで、人間は電気を用いて遠く離れた電磁石を動かすことが可能となり、モールスらによる電信技術の発展へと結実したことが解説される。二つの異なった金属でカエルの脚に触れると、脚が動くことに驚いたガルヴァーニの発見からわずか半世紀の間に、電気研究は飛躍的な進歩を遂げ、電信の実用に至った。ファン・デル・ブルクは語る。「酸性水に浸した一対の金属を使って、遠く離れた場所に住む人々に、瞬く間に自分たちの思いを伝えられるようになると、誰が想像したであろうか」と（*Eerste grondbeginselen der natuurkunde*, 750）。

なお、同書には、テイラース博物館所蔵の実験器具の図版が多数、掲載されている。ファン・デル・ブルクは「一般社会の利益のために」協会のナイメーヘン地区の秘書をつとめ、『自然のアルバム』にも寄稿した。彼の学問活動もまた、一九世紀オランダの学問的土壌に深く根差していた。ただし福沢の「ワンダーベルト」に関する追憶と、同書との間にはいくつかの齟齬もある。現時点での断定は避け、詳細な検討は別の機会としたい。[*1]

グローバル化する世界とその原理

本書において何より重要なのは、「ワンダーベルト」と出会い、ファラデー電磁気学に触れた意義と感動を記した、福沢自身の言葉であろう。福沢によると、「フハラデーの電気説は緒方の塾を震動せしめ」、適塾における電気学の理解は「当時の日本国中最上の点に達し」た。塾内では亜鉛や木炭を集めて「発電」を試みるなど、さまざまな実験もなされた。福沢は蘭学を通じて、電気革命と称される一九世紀西洋の電気研究の目覚ましい発展に触れ、最先端の理論と応用について貪欲に学んだのである。晩年まで「電気の話」がわかるのは若き日の適塾での学問のおかげである、と福沢は回顧している（⑥四三〇、⑦七四～七五）。

慶應二（一八六六）年公刊の『西洋事情初編』で福沢は「伝信機」について、「越列機篤児《エレキトル》の気力」によって「遠方に音信を伝うる」機器と定義する。福沢によれば、現今の西洋諸国では電信線が「蜘蛛《くも》の網」のように「海陸縦横」に走り、遠方の人々と「対話」が可能になり、「新聞」が外国の出来事を報じ、さまざまな情報が一瞬で世界を駆け巡る。「伝信機の発明を以て世界を狭くせり」。そう語る福沢は、「モールス」の開発により一八四四年にワシントン・ボルチモア間で電信線が開通し、一八五一年にはドーバー海峡に海底電信ケーブルが施設されたこと、加えて大西洋を横断する海底ケーブルの計画も進んでいることを指摘する。さらに福沢は、その仕組みと原理について、正確かつ端的に説明する。「鍛鉄《たんてつ》に越列機篤兒《エレキトル》の気力を通ずれば、その鍛鉄、磁石力を起して他の鉄片を引く。気力の流通を絶てばこれを放つ。伝信機はこの理にもとづいて製したるものなり」(①三一六〜三一七)。『西洋事情初編』公刊と同じ年、大西洋を横断する大陸間の海底ケーブルによる通信が成功すると、電信網はヨーロッパからアジアへと急速に拡張した。そして明治の時代が幕を開けると、明治四(一八七一)年には、上海と長崎、ならびにウラジオストックと長崎をつなぐ海底ケーブルが施設され、日本とヨーロッパ、アメリカとの間で電信が可能となった。こうして西洋世界からみて「極東」の国とされる日本もまた、全世界を結ぶ情報のネットワークに組み込まれていく。グローバル化時代の夜明けである。この来るべき世界を支える原理を、福沢はすでに適塾時代、大坂・過書町の片隅で、他の塾生たちと蘭書に取り組むなかで、蘭学者として熟知していたのである。

万物の理を探究する「窮理の学」

本章を閉じるにあたり、最後に改めて「窮理」「物理」の語に触れておきたい。先述のように、江戸時代、蘭学は「窮理の学」と呼ばれた。ただし「窮理」「物理」は、ともに儒学に由来する。中国の古典『易経』には、「理を窮《きわ》め性を尽してもって命に至る」と記される。儒学、なかでも朱子学は、道徳心を養う「居敬《きょけい》」とともに、「一木一草の理」の解明から四書五経の読解まで、「物の理」すなわち物事の道理や真理、法則を明らかにする「格物窮理」を、学問方法論として重んじた。居敬と窮理により人格を完成させた人物が、統治者として人々を導き、その徳が天下に及ぶとき、仁政が実現すると考えられた。

蘭学者たちが主唱する「窮理の学」は、こうした東アジアの思想的伝統に深く根差している。むろん彼らは、儒学者や漢医とは異なり、オランダ語を習得し、広く西洋世界の学術にまで視野を広げ、「理」を探究した。しかしそこには同時に、儒学と深く連関した「窮理」の観念がうかがえる。例えば、前野良沢はオランダの「窮理学校」に触れ、「三才万物についてその本原固有の理を窮」め、「ここをもって天を敬い神を尊び、政を乗《と》り行を修め、事理に明らかに術芸に精《くわ》しく、物品を正し器用を利す。而して帝王徳教を布《し》き、公侯社稷を保ち、四民業を安んじ、百工巧を尽す」と説いた（『管蠡秘言《かんれいひげん》』一二九）。「窮理」とは、物の理の探究を基礎に、道徳的な研鑽を積み、より良き社会を作り出す、学問のあり方全体を含意した。そしてこの「窮理」「物理」観は、福沢諭吉の学問思想にも流れ込んでいる。

福沢は明治元（一八六八）年、西洋物理学の入門書『訓蒙窮理図解』を公刊した。その序文では、「窮理の学」の本質について、次のように描かれる。

人の人たるゆえんを知らば、無所惜身《おしげもなく》を役し、無所憚《はばかりもなく》心を労し、徳誼《とくぎ》を修め知識を開き、精心は活発《いきいき》、身体は強壮《じょうぶ》にして、真に万物の霊たらんことを勉べし。(②二三六)

「窮理の学」を通じて人間存在について学ぶことにより、精神と身体を積極的に働かせ、徳性を涵養し、真の「万物の霊」となるよう励みなさい。ここには、儒学と深く連関する「窮理」の観念がみてとれる。それはまた、本章でみてきたように、自然科学の普及が人々を道徳的陶冶《とうや》へと導き、社会全体の福祉の増進をもたらすという、一九世紀オランダの学術思潮とも符合するものであった。

後に詳述するが、福沢は生涯にわたって「窮理」「物理」の学を、文明の学術として重視した。その過程で福沢は「理」の具体的内容をめぐって、儒学に対して、陰陽五行説など古くからの妄説に惑溺していると批判を加える。しかしその一方で、「窮理」や「物理」という枠組みそれ自体は、儒学をはじめ東アジアの学問的伝統と連続性を持つ。実際、福沢はしばしば「物理学」の語を、今日私たちがイメージする狭義の物理学(Physics)だけでなく、医学、天文学、生理学などを含め、広くこの世界の「万物」の「理」を探究する学問の意味で用いた。福沢による儒学との取り組みは両義的である。なぜなのか。それは何よりも福沢の学問活動が、西洋学術に積極的に接近し、東アジアの伝統的な思考や概念を最大限に活用しながら理解を試みる、蘭学者の知的系譜にあったからに他ならない。

「貧書生」による「真の勉強」を通じた「智力」の向上。「自身自力の研究」。会読による討論。自発的結社と一般社会への学問教育の普及。ファラデー「電気学」と電信の発明。「窮理」「物理」の学。徳川期の蘭学修業を通じて経験したこれらの事柄こそ、福沢のなかで血肉化され、後の文明論を構成する主要な諸元素となる。

＊1　福沢諭吉の「ワンダーベルト」に関する追憶と、ファン・デル・ブルクの『物理学の第一原理』との間には、いくつかの気になる齟齬もある。第一に、福沢は「ワンダーベルト」「ワンダーベルツ」と記しているが、オランダ語でvan der Burgの末尾のgは、通常「ク」ないし「フ」と読む。また『福翁自伝』で福沢は、同書を「最新の英書を和蘭に翻訳した」作品と説明する。「翻訳」の字義にもよるが、ファン・デル・ブルクの同書はファラデーらイギリスの学説をオランダ語で紹介する箇所はあるものの、しかし厳密な意味で「英書」の「翻訳」ではない。むろん、『福翁自伝』と『福翁百餘話』はともに晩年の作品であり、三〇年以上前の出来事を回顧した記述のなかに、福沢の記憶違いがあった可能性も十分に考えられる。また、同書が徳川末期の蘭学者たちの間で注目され、広く読まれたことは確かである。今後も調査と研究を続けたい。

第三章　「国民」国家の論理——西洋兵学と独立

国家の独立と西洋兵学

福沢諭吉の思想を読み解くうえで、「文明」とならぶ重要な概念に、「独立」がある。明治期に入り福沢は、『文明論之概略』のなかで、「国の独立は目的なり、今の我が文明はこの目的に達するの術なり」と述べた。この文章で大事なのは、「今」という言葉であると福沢は説く。日本の文明化の段階は、「今まさに自国の独立について心配するの地位」にある。日本は今、「自国の独立」をかけて、嵐が吹き荒れる過酷な「外国交際」のなか、必死になって耐える一軒の「家屋」のように、「千磨百錬」、自らを鍛え上げながら国家としての「勢力」を維持しなければならない（④一八三、二〇九）。福沢は西洋列強と対峙する厳しい国際政治の現実を怜悧に見すえ、日本の国家的独立について、切迫した危機意識を抱いた。

その直接的な契機は、ペリー来航にある。徳川末期の日本ではこの出来事を端緒に、国防への関心が一気に高まり、蘭学者の西洋兵学研究に注目が集まった。福沢が二一歳で長崎行きを決行したのも、兄・三之助から、西洋の「砲術」を学ぶには「原書」を読まねばならず、「原書というは、和蘭《オランダ》出版の横文字の書だ」（⑦二一～二二）と教えられたことによる。福沢自身、蘭学を媒介に、西洋の「窮理学」とともに「兵学」と深く取り組んだ。

しかし同時代の海防論者の多くが、もっぱら西洋の最新兵器や軍事技術の摂取に心を砕いたのに対して、福沢は西洋列強が強国であることの淵源を講究し、兵制の変容に伴う国家政治の発展まで鋭く洞察した。そこから導出されたのが、「国中の人々」が等しく「その国を自分の身の上に引き受け」、「その国人たるの分を尽」す、「国民」国家の論理である（③四四）。福沢は兵学研究を通じて、近代「国民」国家を支える政治秩序の原理を探り当てた。

前章では、窮理学を中心に「文明」論の原風景を辿った。本章では、「独立」をめぐる福沢の政治構想について、蘭学を通じた西洋兵学との出会いに遡りながら検討する。

大村益次郎との「攘夷」論争

安政五（一八五八）年、福沢諭吉は中津藩から出府の命を受けたため、適塾での蘭学修業を終え、江戸に出た。この年、いわゆる五ヵ国条約が調印され、「安政の大獄」が始まった。築地鉄砲洲の奥平家中屋敷内の長屋に住み込んだ福沢は、その一角を利用した「小家塾」で、藩中の子弟などに蘭学を教えはじめた。この蘭学塾が、慶應義塾の起源となる。前章で触れた島村鼎甫など、「江戸の蘭学社会」との交際を深めた福沢は、「日本国中蘭学医の総本山」である桂川家にも出入りした。安政七年、福沢が咸臨丸《かんりんまる》で太平洋を横断できたのも、将軍家侍医である蘭学者・桂川甫周国興《くにおき》の知遇を得たことによる（⑦八六〜八七）。

江戸では、適塾の先輩である大村益次郎《おおむらますじろう》（村田蔵六）とも交流した。その後、長州藩に招聘された大村と、文久三（一八六三）年六月、急逝した緒方洪庵の通夜で再会した際のエピソードは、有名である。福沢はそこで大村に対して、長州による下関での攘夷実行は常軌を逸していると話した。すると大村は、「怪《け》しからんことをいうな。長州ではちゃんと国是が極まってある。あんな奴原《やつばら》にわがままをされて堪るものか」とものすごい剣幕で反論したという。以前の大村の姿からの豹変ぶりに驚いた、と福沢は回顧する（⑦一二五～一二六）。

後に維新政府の軍務官判事や兵部省大輔をつとめ、明治国家の陸軍創設に尽力し、凶刃に倒れた大村と、慶應義塾で学問に励んだ福沢とは、同じ適塾に学びながら、まったく異なる人生を歩んだ。福沢は一貫して攘夷論を批判しており、その意味でも対照的である。

第二次長州戦争と西洋兵学

ただし福沢もまた、大村と同様、西洋兵学に深く精通していた。徳川末期から明治初年の間に、福沢は小幡篤次郎、甚三郎《じんざぶろう》兄弟と訳述した『洋兵明鑑』をはじめ、『雷銃操法』や『兵士懐中便覧』などの西洋兵学書を翻訳出版している。むろん維新前後の動乱期、各藩が西洋の軍事技術や兵学の知識を求めていた。熊本藩の依頼で翻訳した『洋兵明鑑』は同藩によって約六〇〇〇円で買い上げられ、福沢たちはそれを元手に二階建ての新塾舎を建築するなど、そこには商業的な含みもあった（①三四～三五）。だが福沢の問題関心は、その次元にとどまるものではなかった。

慶應二（一八六六）年七月、第二次長州戦争の勃発にあたり、当時、徳川政権の外国奉行翻訳方につとめ、多くの外国文書に触れていた福沢は、長州再征に関する「建白書」を執筆している。「尊王攘夷」を「虚誕《きょたん》の妄説」と喝破する福沢は、長州藩を「兵力」によって「制圧」するためには、「外国の兵」を雇う必要があると建言した（⑳六～一一）。

しかし福沢の建白は取り入れられることなく、徳川軍は長州軍に敗北した。『雷銃操法』の公刊は、このときの経験に基づく。竹内力雄氏［二〇〇七］の研究が明らかにするように、同書の原本は、ロンドンで公刊された英書『陸軍の小銃操法を指導するための規則』の一八六四年版と六七年版である。福沢は翻訳動機を次のように語る。「舶来の鉄砲」など擁した徳川政権の大軍が、なぜ長州軍に敗北したのか。その理由は、長州藩がイギリスから入手したライフルの威力にあるという。それを詳らかにするために訳述に挑んだ、と（①三〇～三二）。ここには、西洋の軍事技術に対する福沢の強い興味がうかがえる。

ペル氏の築城書――志願兵教育のための入門書

さらに注目すべきことに、福沢による西洋兵学との取り組みは、最新の兵器や軍事技術の紹介だけでなく、それを支える自然科学や国家政治の検討にまで及んだ。以下ではそれを明らかにするため、大坂の適塾における蘭学修業時代に遡りたい。福沢はこの頃、数年かけて一冊のオランダ語の兵学書を翻訳している。「百爾《ペル》氏の築城書」である。

同書については、『福翁自伝』と『福翁百餘話』に興味深い挿話がある。時は安政三（一八五六）年秋。兄・三之助が病死し、一時中津に戻った福沢は、中津藩の家老の家柄にある奥平壱岐と面会した折に、長崎で購入したという「和蘭新版の築城書」を見せられる。福沢はそのときの気持ちを赤裸々に語る。当時は「日本国中海防軍備の話がなかなか喧《やかま》しいその最中《さいちゅう》」であり、「誠に珍しく感じてその原書が読んでみたくて堪《たま》らな」くなってしまった、と。この「珍書」に魅了され、何とか奥平からそれを借り出すことに成功した福沢は、誰にも見られぬよう家に閉じこもり、二〇日以上寝る間も惜しんで隠れて写本に取り組んだ。まるで悪者が「宝蔵」に忍び込んで、「宝物」を盗みとったような心持ちであったという。そしてこれが後に役に立つ。再び大坂の適塾に戻ったものの、福沢は赤貧で、学費が支払えない。そこで緒方洪庵は福沢に対し、この蘭語写本の「築城書」を翻訳することを条件に、適塾での福沢の住み込みを認めた（⑥四二一～四二五、⑦四一～四三）。

翻訳草稿「ペル築城書」は、福沢が蘭学者としてオランダ語文献を訳述した、現存する最古の作品として、貴重な価値を持つ。同稿の原典となる蘭書は、オランダの陸軍中尉ペル（Cornelis Matheus Hubertus Pel）が執筆した『築城術の知識の手引き』（第二版、一八五二年刊）である。ペルは一八一九年八月にオランダのマーストリヒトに生まれ、陸軍軍人として少将まで上りつめ、八七年一〇月にハーグで死去した。

ペルの築城書は、福沢の訳を用いれば、「郊堡《こうほう》」すなわち野戦において「急卒の際に造営」する塹壕について論じた第一部と、「塁城」すなわち「無事の日よく要害の地を撰び丁寧に築成して永久に堪」える要塞や城塞に関する第二部からなる。全体の三分の二が、前者にあたる。さらに巻末に、総計九二に及ぶ築城に関する図面が付され、福沢はそれをすべて写しとった。

その内容は、それぞれの築城を主題に、設計、測量をはじめ、塹壕内部の構造、防御柵や陥穽、「星様頭」や「象棋頭様閉塞」といった稜堡の構造と特質について、図面をもとに解説される。そこでは、「算法」による理論とともに現地での「実験」に基づく対応が求められ、「事実」に即して「衆利」のなかで「優なるもの」と「小利」を「比較」する態度が重んじられる（例えば、Handleiding, 66, ⑦三三四）。さらにその分析は、敵の塹壕や要塞の攻略、ならびに敵の攻撃からの防戦にまで及び、歩兵、騎兵、砲兵の「三兵」を用いた戦術が検討されている。福沢は緒方の指導を受けながら訳述したと語るが、その翻訳はじつに簡潔かつ正確である（①五）。

この作品が特徴的なのは、序文で「余数年前『フレイウヰルリゲル』（中略）を教ゆるの命を奉ぜしより以来、常にこの輩のために適当せる築城書あらんことを欲せり」と訳されるように、志願兵（vrijwilligers）の教育を目的に記された入門書であったことである。これは、ペルがオランダ東部の街であるカンペンを拠点とする軍事教育大隊の教官であったことと強く関係する。ペルは続けて、同書が「加比丹《カピタン》（官名）『フハン・ケルキウェーキ』(Van Kerkwijk)」が執筆した『築城術の手引き』（一八三九年）に大きく依拠していると記す(Handleiding, V-VI, ⑦二八三)。ファン・ケルクヴァイクは、ブレダの王立軍事アカデミーの教官であり、『築城術の手引き』は同アカデミーの教科書として執筆された。

カンペンの軍事教育大隊とは、また王立軍事アカデミーとはいかなる組織なのか。ここに福沢諭吉に流れ込む西洋兵学の水脈を読み解く鍵がある。そこで一旦、オランダへ目を転じ、一九世紀オランダの軍事教育と徳川日本の蘭学との深いつながりを辿ってみたい。

王立軍事アカデミーと軍事教育大隊

一八世紀末、オランダはヨーロッパを取り巻く大きな政治的動乱に呑み込まれた。一七九五年、フランス革命の影響のもと、いわゆる愛国派とフランス革命軍の侵攻によって、ネーデルラント連邦共和国は崩壊し、新たにバターフ共和国が誕生する。だがその後、フランス皇帝ナポレオン一世の勢力拡大によりホラント王国へと移行し、一八一〇年にはフランス帝国に併合される。こうしてオランダという国家は、一時期、世界から消滅した。

しかし一八一三年のライプツィヒの戦いにおけるナポレオンの敗戦を経て、オランニエ・ナッサウ家のウィレム・フレデリックを国王とするオランダ王国が樹立されるに至る。ウィレム一世の統治のもと、オランダ王国は、諸法典の編纂・制定、軍隊の再編、植民地官僚の養成など、中央集権的な近代国家化をめざした諸改革に着手する。

そこではまず、軍事将校の育成と専門的な軍事工学の制度化を目的に、一八二六年五月二九日の勅令に基づき、二八年にオランダ南部の都市ブレダに王立軍事アカデミーが創設された。フランス革命とナポレオン戦争を通じて国民軍が作り出され、それを指揮する将校の脱貴族化が進むとともに、火器の発展により戦術が複雑化するなかで、高度な訓練を受けた新たな将校の養成が求められたことが、その背景にある（大久保［二〇二一］）。

その後、一八五〇年一一月の勅令により、一〇代の有望な志願兵を中心に、下級の士官である伍長や植民地軍の下士官を育てる軍事教育機関として設けられたのが、カンペンの軍事教育大隊であった。同隊の設立に際しては、カンペン出身で、王立軍事アカデミーの教官であるファン・ミュルケンが尽力し、自らその初代第一司令官に就いた。

そして何より、ファン・ミュルケンの名は、徳川後期日本の蘭学者の間で有名であった。

隆盛する徳川日本の西洋兵学研究

徳川日本では一八世紀末から、ロシア船やイギリス船がたびたび問題となった。特に文化五（一八〇八）年には、ナポレオン戦争の余波として、フェートン号事件が起きた。その後、アヘン戦争が勃発するなかで、蘭学者を中心に西洋兵学研究が隆盛する。興味深いことに、「火技中興洋兵開祖」と呼ばれた高島秋帆《たかしましゅうはん》をはじめ、当時の蘭学者たちが競って読んだのが、オランダ・ブレダの王立軍事アカデミーの教官たちが執筆したテキスト群であった。

その一人が、大村益次郎である。彼は王立軍事アカデミーで戦略学や戦術学を教えたクノープの戦術書をオランダ語から翻訳し、元治元（一八六四）年に『兵家須知戦闘術門』として出版した。本書第一章で触れた、福沢の友人である蘭学者・神田孝平も文久元（一八六一）年、王立軍事アカデミーの規則集を『和蘭王兵学校掟書』として翻訳出版した。

さらに、ペルが参照した王立軍事アカデミー教官のファン・ケルクヴァイク著『築城術の手引き』は、蘭学者の伊藤慎蔵《いとうしんぞう》によって訳述された。またペルの築城書は、元治元（一八六四）年に、大鳥圭介により『築城典刑』として翻訳出版された。伊藤慎蔵と大鳥圭介は、ともに福沢と同じく適塾の出身である。福沢、伊藤、大鳥という適塾で学んだ三人の蘭学者が、この関連する二つのオランダ築城書の翻訳に従事したことは、じつに意義深い。

こうしたなか、同時代ヨーロッパの最新の戦術書として、蘭学者たちの注目の的となった書物こそ、ファン・ミュルケンが一八三七年に、プロイセンの軍人であるブラントの戦術書を蘭訳した『三兵の用兵術』である。この作品は、歩兵・騎兵・砲兵、三兵の戦術・用兵術について詳細な分析を行った、一九世紀ヨーロッパにおける最先端の軍事研究書である。同蘭訳も、オランダの王立軍事アカデミーのテキストであった（大久保［二〇二一］）。

徳川日本でファン・ミュルケンのオランダ語版を最初に翻訳したのが、田原藩の藩医で、渡辺崋山や高野長英《たかのちょうえい》らと親交の深い蘭学者・鈴木春山《すずきしゅんさん》である。だが弘化三（一八四六）年に鈴木が病で死去したため、その翻訳は高野長英に託された。「蛮社の獄」に連座し、脱獄、逃亡生活を続けていた高野は弘化四（一八四七）年頃、翻訳を完成させた。同書は高野の死後、安政三（一八五六）年に『三兵答古知幾《さんぺいたくちーき》』として刊行された。また鈴木春山の翻訳も門人らの手により、安政四（一八五七）年、『三兵活法』という書名で刊行された。

「和蘭の兵뿠教授官、般《ハン》・密爾縣《ミルケン》」の書として知られる『三兵答古知幾』ならびに『三兵活法』は、対外的な危機が迫る徳川末期の日本において、多くの志士や学者の関心を集めた。福沢諭吉も同書を手にとった一人である。それだけではない。福沢はこの『三兵活法』を手がかりに、そこに伏在するヨーロッパ兵制の変容と「国民」国家成立の本質的な関係性についてじつに興味深い洞察を加えた。その一端を示したのが、『西洋事情』である。

軍隊という有機体――最新の西洋軍事学

福沢諭吉は慶應二(一八六六)年公刊の『西洋事情初編』のなかで、卓越した西洋兵制論を展開する(①二九九～三〇一)。そこで福沢は、兵制の変遷と国政の変革との相関性に着眼しながら、歴史的分析を試みる。福沢によれば、古《いにしえ》のヨーロッパ諸国では、「封建世禄の制度」のもと、「貴族」の一騎打ちが「功名」としてもてはやされた。この時代には、組織的な軍事行動は考慮されず、「いわゆる兵法なるものなし」という状態であった。

しかし、「千三百年代火器を発明」して以来、ヨーロッパの「兵制」は「一変」した。戦闘における「火器」の威力が大きくなり、「智術」が重んじられるなかで、次第に「貴族武人の勢」は衰えていく。それにかわって導入されたのが、傭兵制「ソルデール」であった。これにより、「古来世禄の制度次第にやみ、かつ文武の職掌はじめて相分かれたるは、ただに兵備の改正のみにあらず、国政の一大変革というべし」。その結果、一五世紀に入ると「常備兵」の制度が確立される。こうして福沢は、科学技術の進展が戦争のあり方を変化させ、それが政治構造にまで影響をもたらしたことを、鮮やかに描き出す。

とりわけここで福沢が注目するのが、「荷蘭合衆政治の大統領マウリット」の功績である。福沢に従えば、ネーデルラント連邦共和国総督マウリッツが「始祖」となり、「無事の時も兵卒を集めて戦争の稽古をなす」、「調練の法」が立てられ、「用兵の新法」が「発明」された。続いて「測量窮理の学に達し用兵の才略に富」むスウェーデン国王グスタフ二世アドルフがマウリッツの「調練の法」を拡張し、「諸兵運動の法を立て、小銃隊を改正し、人数を密に列《つら》ねて同時に発砲することを発明」する。「測量窮理の学」が用兵戦術に援用され、ここに「歩騎砲三兵の活法」、三兵のタクティークが「はじめて整斉」された。

さらにその叙述は、一八世紀から同時代一九世紀西洋の「兵制」に及ぶ。グスタフ二世アドルフの用兵学を継承したプロイセン王フリードリヒ二世の時代になると、「算数測量の学」が発展し、用兵術も「数学の理」に基づく数理的な分析が可能となり、「軍法」はますます「進歩」する。加えて、アメリカ独立戦争になると、組織的な用兵とは別に、独自の自在な動きを実現する「散兵」が用いられるに至る。

そして、一八世紀末、「天下の兵制を一新」する人物が現れた。「仏蘭西帝拿破崙《ナポレオン》」、フランス皇帝ナポレオン一世である。福沢によれば、ナポレオンの登場より以前、「欧羅巴の兵はただ、雇い人足を戦場に駆逐するのみ」であり、「死物を用ゆるにひとしきの弊」があった。しかしナポレオンは、それを根本から改めた。「拿破崙ここに注意し、国内の人を尽《ことごと》く兵武に用い、国民みずから国のために戦うの趣旨をもって法を立て」ていく。

ここにおいて人々みな報国尽忠の心を抱き、戦に臨て死を顧みず。これを分て散兵となせば一人の力を尽し、これを合して密隊となせば先を争て敵に向い、兵を用ゆること手足の如く、進退意に随わざるはなし。これ拿破崙《ナポレオン》が抜山蓋世《ばつざんがいせい》の勢をもって欧羅巴《ヨーロッパ》全州を圧倒せしゆえんなり。現今西洋諸国の兵法はみな拿破崙に拠るという。（①三〇一）

そう論じたうえで、福沢は次の一文で考察を閉じる。「右は西洋の兵制沿革の大略なり。その詳なるは三兵活法等の諸書について見るべし」（①三〇一）。

このように、福沢の西洋兵制論は、鈴木春山訳『三兵活法』をはじめ、徳川後期の蘭学を通じた西洋兵学論の豊かな蓄積のうえに成立した。実際、鈴木訳『三兵活法』は、一九世紀以前との比較のもと、ナポレオンが登場して以降の最新の兵制について、次のような軍事秩序像を提示する。『三兵活法』は説く。旧来の軍事家は、軍隊を外側からの命令によって一元的に動かす「器械」のように捉えてきた。しかし、それは誤りである。最新の兵学論では、「神魂を蔵《おさ》めて運動し、もって思慮し、もって諸物に感動す」る、内側に「活器」を具えた「活物」として、軍隊をみなす、と（Taktiek, 1,『三兵活法』一四）。軍隊は、まさに人間の身体と同様、有機体のように臓器や精神、魂を持ち、独自に運動し、思慮し、外物との接触によって反応を示す。個々の部隊はそれぞれ随意に、「自在」に行動しながら、全体として身体のような規律と調和を持つ。これは『西洋事情初編』で福沢が提示した、「兵を用ゆること手足の如く、進退意に随わざるはなし」という軍事秩序像と見事に合致する。

福沢も指摘するように、ネーデルラント連邦共和国総督のマウリッツがマスケット銃手の細長い隊列を導入して以来、横隊を組んで前線を拡張させ、火力を活用しながら敵陣を包囲する作戦が主流となった。そこでは、指揮官による完全な支配と統制により、兵士は「器械」のように行動することが求められた。ところが、フランス革命戦争やナポレオン戦争の時代になると、用兵戦術は大きく変容する。歩兵は臨機応変に横隊や縦隊の混合的な隊型を用い、騎兵散隊が散兵として分散と集合をくりかえしながら自在に戦闘を展開することが求められるようになる。これは愛国心によって団結した剛毅な精神を持ち、高度に規律と訓練がなされた、国民軍の誕生により可能となった戦術であった。

まさに福沢は徳川末期に、蘭学者・鈴木春山訳『三兵活法』をはじめとした兵学書を読み、そこから最先端の西洋軍事学の知識を身につけ、「兵制」と「国政」、「窮理の学」、相互の歴史的な関係性について考察を深めたのである。

兵制と連動した近代「国民」国家の形成

このように福沢諭吉は徳川末期、蘭学修業を通じて自らペルの「築城書」を翻訳するとともに、鈴木春山や高野長英ら蘭学者による西洋兵学論に熟達していた。その背景には、一九世紀初頭のオランダを含むヨーロッパの政治変動があり、徳川日本を取り巻く国際環境の変化もその動きと連鎖していた。福沢がそこで学んだのは、単なる軍備増強論ではない。福沢は蘭学研鑽を深めるなかで、西洋における軍事技術や用兵術の歴史的変遷が、「測量窮理の学」「算数測量の学」など学術・科学の発展を基礎としたものであり、それが国家体制や政治秩序の変革に大きな影響を与えていることを鋭敏に見抜いた。

戦闘に際し、「死物」を扱うように傭兵を用いるのではなく、国民を兵として、国民の魂の内側から「報国尽忠の心」を醸成し、陶冶する。それによって強く団結した国民軍では、兵士は散兵となり能動的に「一人の力を尽」し、また密隊として敵に立ち向かう。そのため、全体として軍隊をまるで身体の「手足」のように意のままに用いることが可能となる。これこそが、ナポレオンに始まる現今西洋の最先端の兵制の精髄であった。

一つ一つの部隊が個々の目的に基づいて随意に、自在に動きながら、「国民みずから国のために」尽くすという「報国心」を紐帯として、厳正なる規律と調和のもと、全体が一つの「活物」として躍動する。福沢はここに、兵制と国制が連動した、近代「国民」国家の原理を見出した。

詳しくは次章で検討するが、いささか結論を先取りすれば、福沢は明治期に入り「外国に対して我国を守らんには、自由独立の気風を全国に充満せしめ、国中の人々貴賤上下の別なく、その国を自分の身の上に引き受け、(中略)各々その国人たるの分を尽さざるべからず」と唱え、「国民」国家の建設を訴えていく(③四四)。そこでは「自国の権義を伸ばし、自国の民を富まし、自国の智徳を脩め、自国の名誉を耀かさんとして勉強するものを、報国の民と称し、その心を名《なづ》けて報国心という」として、国民の「報国心」が重んじられる(④一九二)。福沢において「自由独立の気風」と「報国心」とは、自らの力で己の誇りを守りぬく精神として、互いに密接不可分なものであった。福沢は西洋兵制から学んだ軍事秩序像との類比のなかで近代「国民」国家の組織化の論理を把握し、それを文明論へと投影する。「一身独立して一国独立する」(③四三)と説く福沢の政治構想の裏面には、徳川期の蘭学を源流とする西洋兵学への深く鋭い洞察が、べったりと、はりついている。

そして同時に裏面からみれば、妄信的な攘夷主義との分水嶺もまた、この議論のうちにある。本章の冒頭で引いた明治八年公刊の『文明論之概略』で福沢は、西洋諸国による植民地支配の実態について、次のように洞察する。福沢によれば、今の世は「商売と戦争の世の中」である。西洋列強は非西洋圏の国々に対して、製造物を輸出して新たな市場を開拓し、自国民を植民するとともに、「外国に資本を貸して」「労せずして利益を取る」など、外債による富の搾取も進めている。しかし声高に「攘夷」を唱え、西洋人の「暗殺」や異国船の打ち払いを企てる愚かな行為は、結果として日本にさらなる「大害」をもたらす。加えて、軍事力さえ増強すればよいという発想も誤りである。「武力偏重なる国」は、「借金のために自から国を倒す」ことになる。それは「事物の割合を知らざる者の考」に過ぎない。「千の軍艦」を建造して維持するには、「学者も多く、商人も多く、法律も整い、商売も繁昌し、人間交際の事物、具足《ぐそく》し」ていなければならない。「独立」と「文明」化は、密接不可分である。福沢はいう。徳川時代の日本のような「偶然に独立したる形」は、本当の独立とはいえない。「真に堅牢なる家屋」、すなわち真の国家的独立とは、嵐のごとき国際政治の「大風雨」のなかで「独立すべき勢力」を維持強化することである。そうして「我民心を振起する」ことこそが、「大に我文明を利す」ることにもつながる（④一九〇～二一〇）。福沢において文明化と独立は、「国民」国家の原理を媒介として、内在的に結びつく。

以上、本書ではここまで、蘭学修業時代に遡って、福沢諭吉の学問と思想の原風景を辿ってきた。果たしてそれでは、「文明」とは何か。次章では、咸臨丸でアメリカに渡り、さらにヨーロッパ諸国を見聞した福沢が、蘭学の蓄積を背景として、明治期に入りこの『文明論之概略』の公刊へと到達する過程で、「自由」「独立」「学問」「報国心」についていかに思索を深め、文明と独立をめぐる構想をどのように展開したのか検討していこう。

第四章　文明と独立――『西洋事情』『学問のすゝめ』『文明論之概略』

「第二の故郷」へ――米欧見聞の旅

穏やかに揺蕩《たゆた》う運河の脇に一九基の風車が並び、壮観な景色が訪れる人々を圧倒するオランダ南西部の地、キンデルダイク。風光明媚なこの場所で建造された一隻の軍艦が、一八五七年、日本に渡った。その船は中国の古典『易経』を典拠に、咸臨丸と名づけられた。

福沢諭吉が咸臨丸に乗ってアメリカ・サンフランシスコを訪問したのは、安政七（一八六〇）年のことである。諭吉は当時、二七歳。蘭医・桂川国興の紹介状により、日米修好通商条約締結に伴う批准書交換を目的とする使節団の一員として、太平洋を渡った。咸臨丸には、軍艦奉行の木村喜毅《きむらよしたけ》（芥舟《かいしゅう》）をはじめ、勝海舟《かつかいしゅう》や小野友五郎《おのともごろう》など、長崎海軍伝習所でオランダ海軍の教師陣から蘭学と海軍技術を学んだ者たちが乗り込んだ。

同年五月に帰国すると、福沢は一一月より徳川政権の外国奉行支配翻訳方に雇われた。続いて翌文久元（一八六一）年、今度は遣欧使節団の一員に選出され、ヨーロッパ諸国を訪問した。同使節団には、同じく適塾で学んだ寺島宗則（松木弘安）や箕作秋坪もいた。

文久二（一八六二）年元旦に長崎を出帆した一行は、カイロでピラミッドを見物した後、パリへと移動した。続いてイギリスでは、ロンドン万国博覧会をはじめ、病院や養唖院、電信局やテムズトンネル、グリニッジ天文台、海軍学校、アームストロング砲の製造工場、武器庫、大英博物館、キングス・コレッジ・スクールなど精力的に見学した。
オランダでは、長崎海軍伝習所初代教官のペルス・ライケンや、最後のオランダ商館長ドンケル・クルティウス、シーボルトの弟子でありライデン大学で東洋学を教えるホフマンらが一行を出迎えた。福沢はオランダ滞在について、「各国巡回中、待遇の最も濃《こまやか》なるは和蘭の右に出るものはない」「人々皆日本の旧友国なることを回想し、待遇最も厚し」と感嘆の意を示し、次のように回顧する（⑦一〇四、⑲三七）。

ことに私をはじめ同行中に横文字読む人で蘭文を知らぬものはないから、文書言語でいえば欧羅巴中第二の故郷に帰ったようなわけで自然に居心《いごころ》がよろしい。

「第二の故郷」に帰ってきた！　これまで江戸時代の蘭学者たちは、西洋から輸入した書物の図版を眺めて未知の世界を夢想し、太陽暦の新年に「オランダ正月」と称してフォークやナイフを並べ、賀宴を楽しむことはあっても、オランダの地に降り立つことはかなわなかった。福沢たちは、その夢を遂に実現させた。
それだけではない。一行はライデン大学を訪れた際、緒方洪庵がフーフェランドの医学書を翻訳した『扶氏経験遺訓』を同大学の学長に贈呈した。適塾に学んだ箕作秋坪や福沢の手により、蘭学の師・緒方洪庵の書物もまた、海を越えてオランダの地に渡ったのである（De Zwaan[1917]、梅渓［二〇一六］）。

さらに、ユトレヒトを訪問した際、福沢は手帳に「ミルドル　有名の舎密《せいみ》家　に遭う」と書き残している（⑲三八）。福沢たちは、当時のオランダを代表する化学者である、ユトレヒト大学教授ヨハンネス・ムルデルとの面会も果たした。

その後、福沢は慶應三（一八六七）年に小野友五郎を正使とする一行に加わり、再渡米。この旅ではニューヨークやワシントンを訪問し、アメリカ独立宣言の草稿も閲覧した。

三度の欧米見聞が福沢の思想形成に果たした意義について、二つの点に注目したい。

第一に、遣欧米使節の一員として西洋各地の最先端の軍事施設や工場、電信局などを見学した。しかしそこで西洋の人々が講釈する学術の内容は、蘭学修業を通じて蒸気や電気に関する原書を熟読し、その原理に精通していた福沢にとって驚きではなかった。それに対して福沢が精力的に注意を向けたのは、西洋世界の法制度や政治文化、経済や商慣習であった。なぜ「保守党」と「自由党」が「政治上の喧嘩」をしながら、議会が終わるとテーブルで一緒にお酒を飲んでいるのか。「少しもわからない」。議院や内閣の制度、選挙法、銀行や生命保険の仕組みこそが新鮮であった（①二六〜二九、⑦一〇七〜一〇八）。

第二に、ヨーロッパへの旅の途上、香港などに停泊するなかで、西洋列強による植民地支配の実態を目の当たりにし、日本の国家的独立を脅かす西洋諸国の権力政治に危機感をつのらせた。それは同時に、中国と日本との文明化の差異を意識する契機にもなった。

福沢はロンドンで学ぶ中国の学士と面会した際、日本では「蘭学」により西洋の事情を知る者が一〇〇〇人を超えるが、清朝中国で洋書を理解できるのは「十八名」に過ぎないという話を聞く(⑤一八五)。こうして西洋経験を通じて獲得した蘭学を機軸とする日中比較の視座は、その後の福沢の日本文明論やアジア認識に独特の陰影を与えることとなる。

『西洋事情』の思想世界――オランダ出身の医師から学んだ「文明の政治」

ヨーロッパ渡航から帰国した福沢は見聞の成果をもとに、慶應二(一八六六)年から『西洋事情』を出版した。『西洋事情初編』を開くと、真っ先に視界に飛び込んでくるのは、「蒸気　済人　電気　伝信」と記した扉絵である。西洋の街を想起させる美しい塔の遠景と、蒸気機関車、蒸気船、気球が描かれている。地球の図には電信柱が張り巡らされ、電線の上を飛脚が走っている。また次のページには、「四海　一家　五族　兄弟」と書かれ、世界の五つの人種の顔と、地球儀、望遠鏡、洋書、コンパス、巻紙が記される。同書の扉絵は、蒸気機関や電気、電信の発明によって人類の交際が活発になり、各地の情報が世界を瞬時に駆け巡る新しい時代が到来したことを、読者に印象づける。世界は確実に狭くなった。

福沢はその冒頭で次のように語る。これまで日本では蘭学を通じて西洋の「窮理、地理、兵法、航海術等の諸学」が学ばれ、「我が文明の治」に貢献してきた。今後はそれをさらに「実用」に役立たせるためにも、「各国の政治風俗」を分析し、「経国の本」を理解する必要がある（①二八五）。『西洋事情』はまさに、蘭学の蓄積を基礎に、西洋世界における国家政治の根本を解明するという未開拓の領域に取り組んだ画期的な作品であった。

この問題意識に即して、同『初編』では「欧羅巴政学家の説」として、「文明の政治」に関する「六ヶ條の要訣」が披露される。(1)「自主任意」、(2)「信教」、(3)「技術文学を励まして新発明の路を開くこと」、(4)「学校を建て人才を教育すること」、(5)「保任安穏」、(6)「人民飢寒の患なからしむること」（①二九〇～二九一）。自由、信仰、学問技芸の発展、教育、安全、病院や救貧院などの福祉、という六つの柱である。

松沢弘陽氏［一九九三］やクレイグ氏［二〇〇九］の研究が明らかにするように、ロンドン滞在中の福沢たちに「文明の政治」の要訣を教えたのが、イギリスに住むオランダ出身の医師シモン・ベリンファンテである。実際、福沢がヨーロッパ巡遊中に筆記したノート『西航手帳』には、この文明の諸原理や各国の統治機構などの概説が、約二〇頁にわたってオランダ語で記されている（⑲一二五～一三五）。ここでも蘭学者としての学識が生きた。

蘭学が「訳学」であったことは先に触れたが、福沢はオランダ語の beschaving や英語の

civilizationを「文明」「文明開化」と訳した。東アジア世界で「文明」という漢語は、中国の古典『易経』などにみられ、徳が輝き、礼楽によって節度と文彩を施した、燦然たる世の様態を表した。福沢は、西洋世界で説かれる「文明」の普遍的価値に光を当て、自ら生きる東アジアの思想的伝統の内側からそれを吟味し理解しようと試みた。

とりわけオランダ出身の医師ベリンファンテの「文明の政治」講話の第一条に「自主任意」、オランダ語のvrijheid（英語のliberty）、すなわち自由が掲げられているのは興味深い。『西洋事情』において「自由」は全編を貫く主題であり、二つの側面を持つ。第一に、門閥制度に不満を抱き、適塾において会読に喜びを見出した福沢は、人々が門閥に束縛されずに職業を選択し、自らの「才力」を存分に伸ばすことができる西洋の「自由」な社会に羨望の眼差しを向けた（①二九〇）。渡辺浩氏［二〇二一］や中村敏子氏［二〇二三］が指摘するように、誰にも邪魔されず、自らの欲望にも惑わされず、人々が生まれながらの「才力」を最大限に涵養《かんよう》するという主張は、儒学の思想と通底する。福沢による西洋の自由概念との取り組みは、一面で、徳川日本で培われた問題関心と地続きにあった。

しかし第二に、西洋の「自由」概念は、「才力」の伸張だけにとどまらない広がりを有した。宮村治雄氏［二〇〇七］や安西敏三氏［一九九五］が解き明かすように、福沢は特に明治三（一八七〇）年公刊の『西洋事情二編』の執筆を通じて、一八世紀イギリスを代表する法学者ブラックストンの著作『英国法釈義』と取り組むなかで、「自由」とは「法」の外にあるのではなく、政治社会の設立を通じて「法」によって確立されると唱えるに至った（①四九三〜五〇三）。「国法」は「人を自由に導く」ためにある。それ故に重要になるのが、法的に自由の領域を定める「ライト」、すなわち権利の観念である。東アジアの法的伝統において、この考え方は十全に発達していなかった。西洋世界においてオランダ語のrechtや英語のrightは、「正しさ」や「正義」を原義とする。公正な正義や正しさに依拠した「ライト」を定めたものこそが、法である。福沢はこの点に注目し、「ライト」に「通義」「権理通義」という翻訳語を与えた。現代からみても適訳である。

こうして西洋諸国に渡り「文明の政治」を目撃した福沢は、帰国後、西洋の書物と格闘し、その原理の探究を深めた。この間に戊辰戦争が勃発し、新たに明治政府が樹立されると、『西洋事情』は政府関係者を含め、多くの読者を獲得した。慶應四（一八六八）年、自らの塾を慶應義塾と命名した福沢は、徳川政権に御暇願を提出するとともに、新政府の出仕要請も固辞し、「私立」の立場から教育や出版に専心した。明治六（一八七三）年には、森有礼や西周《にしあまね》、加藤弘之ら洋学者とともに、「異見を交換し知を広め識を明にする」ことを目的とした学術結社・明六社を結成し、『明六雑誌』の刊行や討論会の開催に携わった。そして明治五年から九年まで、一七編にわたる大ベストセラー『学問のすゝめ』を公刊。さらに明治八年には『文明論之概略』を著す。以下では両書で展開される福沢の思想について、文明、学問、自由、独立を中心に、蘭学との接点を探りながら検討しよう。

学問を通じて醸成する独立の精神

「天は人の上に人を造らず人の下に人を造らずといえり」。『学問のすゝめ』の冒頭に掲げられたこの有名な一文は、福沢自身が『西洋事情初編』で翻訳した、アメリカ独立宣言を強く意識したものと推定される。人間は生まれながらに平等な権利「権理通義」を持つ。「男も人なり女も人なり」。男女も平等である。そう指摘したうえで福沢は、人間と同様、各々の国家もまた「天理人道」のもと、独立国として対等な権利を有すると説く。国際政治において、もし「国の威光」を貶めるような「恥辱」があれば、「日本国中の人民一人も残らず命を棄てて」抵抗しなければならない。「道理なきもの」は「打ち払」うのみである。「外国に対して我国を守」るためには、国中の人々の間に「独立の気力」「自由独立の気風」が充満しなければならない。自らの力で己の誇りを守り抜く。日本中の人々が「貴賤上下の別なく、その国を自分の身の上に引き受け」、全員が等しく「報国の大義」と「愛国の意」を抱いて、国民としての義務「国人たるの分」を尽くすことで、国家的独立が維持される。ここから福沢は、「一身独立して一国独立す」と唱えた(③二九~三四、四二~四七、八一)。

しかし、現今の日本には「自由独立の気風」が希薄である。「政府は依然たる専制の政府、人民は依然たる無気無力の愚民のみ」。人々の間にはいまだに徳川政治体制下の「専制抑圧の気風」がはびこり、国家政治に関心を持つ「国民」としての意識が欠落している。「日本にはただ政府ありていまだ国民あらずと言うも可なり」(③四八〜五四)。

人々の間に腕力や能力の差はあるが、本来、誰もが人間として等しい権利を持つ。ところが日本では、「切り捨て御免」といって士族がみだりに「平民の生命」を奪うなど、権力や財力のあるものが弱者の権利を略奪し、抑圧してきた(③三七〜四一)。『文明論之概略』では、それを「権力の偏重」と呼ぶ。政府官僚が下役人に横暴にふるまい、その下役人は平民を残虐に扱う。上から下へと、いじめが無限に連鎖する。「強圧抑制の循環、窮極あることなし」。権力の偏重のもと、「卑屈の気風」が人々を支配している(④一四六〜一四七)。

それではいかにして、独立の精神を醸成するのか。『学問のすゝめ』に戻れば、そこで重視されるのが「実学」である。福沢は「実学」に、「サイヤンス」(science)とルビを振る(⑲四一五)。「実学」とは自らの智力で真実を探究し、創意工夫によってその原理を実践に活用する学問的態度をいう。蒸気機関や電信の発明は、その成果である。「論語読みの論語知らず」ではいけない。自然科学だけでなく、哲学や心学、神学もまた「物事の道理」を探究する実学である。周りの意見に惑わされず、自らの力で客観的な真理を求める。学問を通じて独立の精神を養うことで、「文明の精神」は発達する（③三六〜三七）。

そう唱えたうえで福沢は、明六社の同人で政府官僚をつとめる加藤弘之や西周らを念頭に、しかし今の「洋学者流」には依頼できないと批判する。なぜなら彼らは洋学者でありながら、「みな官あるを知って私あるを知らず」、政府の側に立って人民を統治する「漢学者流の悪習」が抜けていない。これでは、何事も政府に依頼し、政府に媚び諂《へつら》う「卑屈の気風」をさらに蔓延させる。今、学者がなすべきは、「官」ではなく「私立」の側に立って学問活動を展開することである。「民間の事業」を活性化させることにより、「真の日本国民」が形成される（③四八〜五四）。その実践が「社中」慶應義塾であった。福沢の学者職分論に対して加藤や西が批評を加え、『明六雑誌』で大きな論争が巻き起こった。

「多事争論」と「疑の世界」

以上のように、「人民独立の気力」を「文明の精神」と捉える福沢諭吉の「国民」国家構想は、日本の「独立」を支える「報国の大義」と密接な連関性を持つ。ここから福沢は『文明論之概略』の執筆を通じて、バックル『英国文明史』やギゾー『ヨーロッパ文明史』、J・S・ミル『代議制統治論』など、同時代一九世紀ヨーロッパにおける最先端の学術書に挑むなかで、壮大な文明論のもと、自由・学問・独立をめぐる考察をさらに深めた。

同書で福沢は、「物事の道理」である「物理」の探究と、「精神の自由」の発達について、文明史の視座から次のように描く。「人民の智力」が未発達の「野蛮の世」では、人々は地震や雷などの自然現象を「恐怖」し、それを神や鬼神の力とみなして祈禱する。そこでは人事でも、強大な暴力を握る権力者が、恐怖によって人々を支配した（④一一六〜一一九）。

しかし「人文漸《ようや》く開化」し、智力が次第に進歩するなかで、人々はこの世の出来事に対して「疑」の眼を向け、事物の「真の源因」を探りあてていく。福沢が重んじるのは「疑いの心」である。「物の理」を窮める学問的精神が広がり、智力が発達すると、人々の心に「勇力」が生まれ、天災を恐れなくなる。人々は政治権力にも恐怖を抱かなくなり、「精神の自由」を獲得する。腕力にかわって智力が作る「人間の交際」においては、政府の専制を防ぎ、権利や自由を保護するため、人々が自らの手で法や規則を定める。ここに「自由に事物の理を窮め、自由にこれに応ずるの法を工夫」する文明社会が実現する（④一二〇〜一二三）。『学問のすゝめ』一五編でも、福沢は「信の世界に偽詐《ぎさ》多く、疑の世界に真理多し」と説く。世間の意見や常識を無批判に信じ、フェイクニュースに騙されてはいけない。「異説争論の際に事物の真理を求むるは、なお逆風に向かって舟を行《や》るがごとし」。異説争論を通じて、旧来の習慣や学説を疑うなかで、「人事の進歩して真理に達するの路」が切り拓かれる。福沢はいう。ミルが「婦人論」（『女性の解放』）で女性の社会的・政治的自由を訴えたことにより、男女差別の悪しき習慣が改められつつある（③一二三〜一二九）。

とはいえ、『文明論之概略』に戻れば、「世論」はそれまでの常識に固執し、往々にして画一的な考えに雷同しやすく、「ガリレヲ」の地動説のように「真の条理」を求める人物を「異端妄説」として迫害する（④一四〜一五）。とりわけ徳川期の日本では儒者を中心に、「君臣の倫」が人々のうちに「天性」として定まっていると考えるなど、「旧慣に惑溺《わくでき》」してきた。その背後には、古を信じ古を慕い、「自己の工夫」を交えずに「精神の奴隷」を生みだす「儒学の罪」がある。「臆断」によって、倫理を語ってはいけない。まず物理があり、その後に倫理が定まる。「物理を害するなかれ」（④四三〜四五、一六一〜一六三）。「陰陽五行の惑溺を払わざれば、窮理の道に入るべからず」（④三二）。まさに蘭学者の言葉である。

文明化に必要なのは、人々がさまざまな立場から「真の条理」を求め、異なる意見をたたかわせる「多事争論」の場の創設である。「自由の気風はただ多事争論の間にありて存するものと知るべし」（④二四）。自由な討議空間のなかで真理を探究し、これまでの常識や自明性を疑い、実験を積み重ね、創意工夫を交えて実践へと応用する。そのとき国中の「智徳の全量」が増大する。むろん、旧来の習慣や考え方に疑いを差しはさみ、人々の権利を対等に認め、自らと異なる他者の意見に耳を傾けることは、簡単ではない。それは時間がかかり、不便で苦痛なことさえある。だが「自由は不自由の際に生ずというも可なり」（④

一四五〜一四六)。その不自由に耐えてこそ、自由な社会を創設できる。文明の進歩を通じて「太平の技術は日に進み、争闘の事は月に衰え」たその先に、「徳義の海に浴する」、「礼譲の大気」に満ちた「文明の太平」が訪れる(④一二三〜一二四)。福沢はこうして蘭学修業時代における「窮理」「物理」の探究や「会読」の経験を基礎に、文明化の原理を導き出した。

文明史の方法論としての統計学

以上の問題関心のもと、文明の新学術として福沢が重んじたのが、統計学である。徳川末期から明治初年の日本では、統計ブームが巻き起こり、杉亨二《すぎこうじ》や津田真道《つだまみち》、加藤弘之、箕作麟祥《みつくりりんしょう》など、多くの学者によって西洋の統計表や統計学が紹介された。その先鞭をつけたのが、徳川末期の万延元(一八六〇)年、福沢諭吉が校閲をつとめて公刊した岡本博卿訳『万国政表』である。この書で福沢は蘭学者としていち早く、オランダ語の統計表を紹介した。同書は、一八五四年にオランダ・アーネムの「プ・ア・デ・ヨング」(P. A. de Jong)が出版した『地球上のすべての国々についての統計表』の翻訳である。

オランダでは一七世紀以降、東インド会社が中心となって、市場での売買戦略を練り上げる情報網が確立され、世界中の管轄地域や在外商館から送られる統計データを完備した報告文書が作成された。さらに、ゲーテが「今日のような統計ばやりの時代」と記すように（『イタリア紀行』二〇）、一八世紀末から一九世紀のヨーロッパでは、巷に統計的な資料があふれ、社会の統計化が進み、新たに「社会物理学」としてケトレーらを中心に近代統計学が勃興した。福沢が手がけた『万国政表』は、そうしたオランダ及びヨーロッパの動向を背景に、世界の情勢を一覧できる統計表の利便性に先駆的に着目した作品であった。

さらに福沢は『文明論之概略』でも、「国中一般に分賦せる智徳の全量」を把握する文明史の方法論として、「スタチスチク」を掲げる。「文明を論ずる学者」は、統計学の方法を用い、全国に分賦した智徳を「一体」に集めて大量観察し、「全量」を「総計」して「比較」「平均」することで、「人民の気風」のうちに「一定の規則」「定則」を見つけ出せる。この議論は、ケトレーらの統計学を援用して、歴史学を自然科学のような「科学」へ引き上げようと試みたバックルの『英国文明史』を下敷きとする（④五一～六八）。福沢は晩年にも、「いやしくもこの統計全体の思想なき人はともに文明の事を語るに足らざるなり」と述べる（⑥三四八）。統計学は福沢にとって、「文明の精神」を体現した学問であった。

明治革命と「智力ありて銭なき人」

だが他面で、同時代の先端的な統計学の成果を用いて、歴史のうちに法則性を求めるバックルの『英国文明史』は、福沢に対して新たに深刻な思想課題を投げかけた。この点は、松沢弘陽氏［一九九三］の研究に詳しい。バックルはその第一巻第二章でインドを例に、非ヨーロッパ世界であるアジアにおいて恐怖と迷信がはびこり専制政治が行われている理由は気候や土壌など自然環境に起因する、と指摘した（*History of Civilization in England*, 29–108）。ここには、ビクトリア朝中期のイギリスの繁栄を背景とする、オリエンタリズムに根差した自然決定論的なアジア停滞論がみてとれる。

福沢は『文明論之概略』で、このバックルの議論を引用する。アジアで専制政治が蔓延する「源因」が、温暖な気候による人口過剰や「険阻《けんそ》洪大《こうだい》」な自然から生じる恐怖の念など、すべて「天然の事」であるならば、「人力をもってこれをいかんともすべからず」（④一四八〜一四九）。非西洋圏のアジアの後進性は、人為の及ばない、自然環境による宿命なのか。

このアポリアから脱却すべく、福沢は日本の歴史の内側から文明化の兆候を救い出そうと試みた。それが『文明論之概略』第五章の明治維新論である。ここで福沢は、ギゾーが説く「専制」対「自由」という文明史の枠組みを援用し、廃藩置県へと至る明治の「革命の業」について独自の解釈を披露する。明治維新はなぜ起こったのか。それは攘夷論の隆盛によるものなのか。決してそうではない、と福沢はいう。明治維新の真の原因は、「智力と専制との戦争」であった。福沢によれば、明治「革命」の源流は一八世紀後半まで遡る。そこでは、「藩中にて門閥なき者」や「無位無禄にして民間に雑居する貧書生」たちが、徳川の門閥専制に対して不平を抱き、智力を磨いた。彼ら「智力ありて銭なき人」が生みだした「智」は、「いつとなく世間に流布し」た。そして黒船が来航すると、「政府の暴力」と「人民の智力」との争いが激化する。その結果、「西洋文明の説を引て援兵となし」、「人民の智力」が「鬼神のごとき政府」を打破した(④七〇〜七六)。こうして福沢は、明治維新を通じて「専制」に対して「智力」が勝利し、今まさに日本が文明化の道を歩みはじめていることを証明することにより、自然決定論的なアジア停滞論を乗り越えようと企図した。

この議論において、徳川期に門閥専制に耐えながら「智」を蓄積した、「智力ありて銭なき人」の一人が、適塾で蘭学研鑽を積む福沢自身であったことは、本書第二章から明らかであろう。「西洋日進の書」を読み、「会読」を通じて互いの「智力思想」の向上に取り組んだ、自分自身を含む「貧書生」たちの真の学問が大きな渦となり、「人民の智力」として躍動し、遂に「専制の暴政」を打破した。それが明治「革命」である。福沢はそう考えた。

「衆論」と「社中」——「国民」国家の組織化の論理

明治維新を「人民の智力」の勝利と捉えた福沢は、「権力の偏重」を打破して「国民」意識を形成するための方策として、いかなる文明化構想を導き出したのか。同書で福沢は西洋の歴史を振り返り、ヨーロッパでは各地域や都市、職場で「市民」が「仲間」を結び、結社を創設し、互いに「公私の事務を相談」するなかで、「独立自主の気象」が形成されたと指摘する。そこでは学者も結社を結成し、雑誌の出版や「技芸の教場」を通じて、学問の成果を一般社会に普及させてきた（④七八、一三八〜一三九、一五五〜一五六、一六〇）。オランダの学術結社や博物館の活動が近世日本の蘭学を支えたことは、第二章で指摘した。

ところが日本の学者たちは「私の企」を知らず、「孔孟の道」から脱却できずに「政府の専制」に加担し、政権に尻尾をふり、官僚に媚び諂《へつら》っている。「卑屈賤劣《ひくつせんれつ》の極」である、と福沢は憤る（④一六〇〜一六一）。この議論は先の「学者職分論」と連関する。『文明論之概略』で福沢は改めて、政府と学者とは職分が異なると強調する。政府は、常に変化する「現在」の問題に対して、「外科の術」のように即時に対応する。それに対して学者は「将来」を見すえて「衆論の非を正」し、その「養生」に励む。政府と学者は、互いに刺激し励まし合いながら「文明の進歩」に寄与する（④六六〜六八）。これはその後の官民調和論へと連なる。

では、いかにして現今の日本における「衆論の非」を正すことが可能か。福沢はいう。日本でも各地域や職業を通じて自発的な結社「仲間」を創設する必要がある。人々が「仲間」を結成して、「道普請」など公共の事柄について互いに議論することにより、「無議の習慣」を改めなければならない。まずは自らが生きる共同社会である「地方の利害を論ずる」。公共の問題について数名の「仲間」から議論をはじめ、それが村、州、郡へと次第に広がり、一国の「衆論」が作り出される。そのとき、個々の才智を超えた智力が形成される。討議の習慣が「第二の天然」となって人々の間に定着し、「独立自主の気象」が生じるなかで、自らの生きる地域のあり方、ひいては国全体の問題を一人一人が国民として考える「国民」意識が涵養されるであろう。とりわけ今、「我日本」は「外国人と利を争うて理を闘《たたかわ》するの時」である。「外国の交際」の難局を乗り切るためにも、自らの栄辱を重んじる勇力を持った国民の「衆論」が組織されなければならない（④七七〜八一）。

最も注目すべきは、ここで福沢が、結社の形成と軍隊の秩序との類比を試みていることである。[*2] 人々が個々に自発的な結社を作り、議論を積み重ね、それが地域や地方に広がり、さらには国家全体における衆論へと発展する。こうした衆論の生成過程について、福沢は「その趣はあたかも若干の兵士を集めて小隊となし、合して中隊となし、またあわせて大隊となすがごとし」と指摘する。「大隊の力は、兵士各個の力にあらず、その隊を結びたるがためにに別に生じたるもの」である。すべての兵士が「勇士」とは限らないが、軍隊を組織するなかで勇力が高まる。同様に一国の智力もまた、国民が結社を作り討議を通じて衆論を形成することで、「各個の才智よりもさらに高尚」な勢力を持つに至る（④七八）。

この箇所で福沢が思い描くのは、決して指揮官が上から一元的に命令を下し、兵士が命令に従って「器械」のように動く軍隊像ではない。本書第三章を思い出していただきたい。

徳川期に蘭学を通じて『三兵活法』などの西洋兵学書に触れた福沢は、国民が愛国心によって強く団結し、それぞれの部隊が散隊や密隊として能動的に力を尽くし、軍隊全体が身体のように意のままに躍動する、ナポレオン以降の西洋における最先端の軍事秩序像を熟知していた。『文明論之概略』の記述にも、そうした軍事秩序像が投影されている。

独立自主の精神と愛国心を持った国民が結社や小隊を組織し、自在に才力を伸ばすなかで化学変化（「結合の変性」④七八）が起こり、衆論・大隊は個々の智力や兵力を超え、一国として大きな勢力となる。福沢はここに、「一身の独立」と「一国の独立」との間をつなぐ、近代「国民」国家としての政治秩序の組織化の論理を見出した。この点において、文明化を推進する衆論の形成と、近代的な軍隊とは、同じ構造を持つと考えられた。だからこそ福沢は、「仲間」や「社中」といった結社を創設し、「物事の真理」を求めて自由に討議を行う「多事争論」の「習慣」を確立することが、「独立自主の気象」と「報国心」を養い、文明化と進歩を実現するとともに、外国交際における日本の国家的独立につながると強く主唱した。そしてこの個人を超えた社会全体の智徳を算出する学問こそ、「文明を論ずる学者」の方法論としての統計学であった。ここに至って、すべての要素は統合される。

福沢諭吉は西洋見聞の経験をもとに、バックルやギゾーら同時代一九世紀西洋の最先端の文明論と格闘するなかで、徳川期の会読をはじめとした蘭学修業の経験と、そこで学んだ物理学や兵学の知識を綜合し、壮大な文明化と国家的独立の構想を導き出したのである。

「文明」と「独立」との間の亀裂

ただし福沢の『文明論之概略』はこれで終わらない。最終第一〇章では、文明の後発国である日本が現実的に抱える、文明化と独立という二つの課題の間の亀裂を怜悧に抉り出す(④一八三~二一二)。福沢は説く。明治日本では廃藩置県をはじめ「旧物を廃」する諸改革を通じて、旧来の「風俗習慣」を支える「君臣の義」や「上下の名分」などの道徳的な紐帯「モラル・タイ」の力が衰微しつつある。そうして古い道徳の重荷を脱ぎ捨てた人々の精神は行き場を失い、「人心の騒乱」ともいうべき混乱と空白の状態にある。

しかし「外国交際」に目を転じると、西洋列強は「狡猾」に植民地支配を拡大し、今や中国も「欧人の田園」に陥ろうとしている。「欧人の触るる所は、あたかも土地の生力を絶ち、草も木もその成長を遂《とげ》ることあたわず。はなはだしきはその人種《ひとだね》を殲《つく》すに至るものあり」。日本も例外ではない。居留地では、傍若無人な外国商人が非道に振る舞い、日本国民は「卑屈」になっている。「外国交際は我国の一大難病」である。そんななか、国際法「万国公法」を頼みに、「天地の公道」に任せて「自由に貿易」すべきと説く学者がいるが、現実から目を背けた「結構人の議論」に過ぎない。福沢は猛批判する。国際政治の世界では、各国が「報国心」をもとに自国の国益を追求して、鎬《しのぎ》をけずっている。「迂闊《うかつ》もまた甚し」。

文明の先進国である西洋列強が、強大な軍事力と経済力を背景に後発国を圧迫する今日、列強国と対峙するためには、「自国の権義を伸ば」す「報国心」を涵養しなければならない。ところが文明化の推進により、報国心を支えるはずの旧来の道徳的紐帯は力を失いつつある。だが文明化の歩みをとめれば、植民地化の危機が高まる。どうしたらよいのか。「文明に前後あれば、前なる者は後なる者を制し、後なる者は前なる者に制せらるるの理なり」。こうして福沢は後発国が根源的に抱える、文明化と独立の矛盾と軋轢を正面から捉えた。

福沢にとってその一つの打開策は、「君臣の義、先祖の由緒」といった旧来の道徳を、「本国の義」や「本国の由緒」という「国民」国家を支える精神へと昇華させることであった(④二〇五)。ところが『文明論之概略』公刊後、明治政府の改革により「旧物」とみなされた士族の不満は、逆に士族反乱として暴発する。この危機的事態に対し、福沢はどう対応したのか。最終章では、その後の福沢の文明と独立をめぐる構想を検討しよう。

＊2　本書と分析の内容や問題関心は異なるが、福沢諭吉の近代国家像と兵学的思考との関係を解き明かした卓越した先行研究に、宮村治雄［二〇一七］がある。

第五章　文明の源流としての蘭学

——地方分権・情報の氾濫・アジア

「今日の進歩偶然にあらず」

明治二三（一八九〇）年四月、杉田玄白著『蘭学事始』の再版に際して、福沢は新たな「序文」を執筆した。そのなかで福沢は、本書第一章で触れた徳川末期における写本との出会いを回顧しながら、「学者社会の宝書」である同書再版の意義を次のように語る。

東洋の一国たる大日本の百数十年前、学者社会には既に西洋文明の胚胎するものあり、今日の進歩偶然にあらずとの事実を、世界万国の人に示すに足るべし。（⑲七七〇）

「東洋の一国たる大日本」の文明化の起源は、徳川期の「蘭学」にある。今日の進歩は偶然ではない。これは「世界万国の人に示す」価値がある。福沢はなぜそう説くのか。

本書では第一章で福沢諭吉の蘭学との出会いを振り返った後、第二章で「窮理」と「会読」を中心に文明論の原風景を探り、第三章では西洋兵学を媒介とする軍事秩序像が国家的独立と「報国心」をめぐる政治思想の基底に存在することを解き明かした。第四章で検討したように、米欧渡航により見聞を深めた福沢は明治期に入り、西洋の書物との取り組みを通じて『学問のすゝめ』や『文明論之概略』を執筆し、文明と独立をめぐる構想を紡ぎだした。物事の真理の探究、「多事争論」、「人間交際」における「仲間」「社中」の結成を重んじ、「一身の独立」と「一国の独立」をつなぐ組織化の論理を近代兵制になぞらえて描き出す福沢の政治構想は、蘭学修業で身につけた学識を統合するものでもあった。

しかし前章の末尾で検討したように、福沢は文明の後発国である日本が現実的に抱える文明化と独立との間の矛盾と軋轢をも直視した。この思想課題に取り組むなかで福沢が到達したのが、日本の「近時文明」の起源を蘭学に求める文明史観であった。最終章では『文明論之概略』執筆後、その文明化構想を背景に、変転する時代状況に対応して展開された政治論を辿り、そこから蘭学へと改めて立ち戻る福沢の思想的営為を描き出したい。

トクヴィルを援用した地方分権論

福沢が『文明論之概略』の執筆に取り組んだ当時、征韓論に敗れて下野した板垣退助《いたがきたいすけ》ら旧参議が左院に提出した民撰議院設立建白書をめぐって、国内政治は大きく揺れていた。民撰議院設立論争から西南戦争を経て明治一四年の政変へ至る過程における、福沢の活発な言論活動については、平石直昭氏［二〇二一］［二〇二二］や松沢弘陽氏［二〇二〇］、小川原正道氏［二〇一二］の研究に詳しい。それらの研究に従えば、加藤弘之や西周ら明六社に集う洋学者の多くが民撰議院設立時期尚早論を展開し、日本の人民の文明化はいまだその水準に達しないと説いた。それに対して福沢は明治八(一八七五)年、『民間雑誌』に「国権可分の説」を発表し、明治維新が「専制」に対する「自由」の戦いであったことを改めて強調する。そのうえで、政府と人民との間で「議論の場所を作」り、「事を議するの習慣を養」うことが切要であると訴え、時期尚早論を批判した⑲五二七~五二九、五三七~五三八)。

その一方で、過激化する急進的な民権運動に対しても、福沢は否定的な態度をとった。翌年公刊の『学者安心論』では、国政のみに傾倒する民権論者を戒め、人々は民間の場で、商売や農業、学校教育など「人民の政」を拡充させるべきだと唱えた。なお返す刀で、政府と人民が「互いに余地を許して」存分に活動する必要性も訴え、その言外で、新聞紙条例や讒謗律《ざんぼうりつ》によって言論統制を行う政府を牽制することも忘れなかった④二一三~二二九)。

この頃、福沢は大久保利通《おおくぼとしみち》と会談している。福沢は大久保に対して、次のように語ったという。国民の権利には「政権」と「人権」の二つがある。福沢が関心を持つのは「人権」であり、政府が人々の「人権」を蹂躙した場合には、断じて許すことはできない。だが「政権」に関しては政府の仕事であり、口を挿むつもりはない。今後、民権論者が「政権」の奪取を叫び、大騒ぎとなったときには、むしろ大久保は福沢を「着実なる人物」であると見直すであろう、と①六四)。こうして福沢は「官民調和」の戦略をとった。大久保はこのときの福沢の印象を、「面白く流石有名に恥ず」と日記に綴っている(「明治九年二月二七日」

四七五)。明治政府にとって、福沢の思想と行動の影響力は無視できなくなっていた。

明治九年一〇月以降、福沢の願いとは別に、神風連《しんぷうれん》の乱を端緒に過激な不平士族による反乱が勃発。危機感を募らせた福沢は『分権論』を執筆し、トクヴィル著『アメリカのデモクラシー』を援用しながら、独自の「地方分権」論を展開した。トクヴィルの同書を明治日本で先駆的に受容した一人が、福沢のもとで活躍する小幡篤次郎である。小幡は明治六年より、出版自由や公共精神、権利の観念、行政の分権に関する章の翻訳を公刊した。福沢自身も手沢本《しゅたくぼん》を残している(安西[二〇〇七]、松田[二〇一六]参照)。

福沢はここで、トクヴィルが説く「政権」と「治権」の区別を援用する。「政権」とは、立法や軍事、外交、徴税、貨幣鋳造など国家全体を統治する権力を指す。それに対して「治権」は、道路、橋、堤防の造営や、学校の開校、公衆衛生の実施など、「地方に住居する人民の幸福」に寄与する。「政権」は中央政府が取り扱う。だが「治権」は、旧士族をはじめ「各地の人民」が担い手となるべきである。こうして福沢は、人々が自ら住む地域の「公共の事」に与る「地方分権」の実現をめざした(④二三一~二九八)。

ところがその間の明治一〇年一月、最大規模の士族反乱、西南戦争が始まる。西郷隆盛《さいごうたかもり》死去の報に触れた福沢は、「明治十年　丁丑《ていちゅう》公論」をしたためた。そこでも福沢は、「薩人の争ふ権利」の根底に「抵抗の精神」を見出しつつ、それが「人民自治の権利」へと成熟しなかったことを嘆く。もし西郷がもう少し「学問の思想」を抱いていたら、「政権」の奪取ではなく、「地方の治権」を重んじ、地方から工業を育成し、「全日本国の面目を一新するの大目的」を実現できたかもしれない。そう唱えて、西郷の死を悼んだ（⑥五二七〜五五三）。

福沢は『分権論』で、地方分権を「自治の精神を養うの路」と捉え、公共の事柄に参加し「自治の習慣」を形成するなかで、不平士族の不満のエネルギーを「変形」し、「推考の愛国心」を創出できると説いた。「推考（rational）」の愛国心とはトクヴィルの用語に基づく。本能的で激情的な祖国愛とは異なり、「智識に生れ、法律に育し」た、「道理」に根差した愛国心を意味する。『文明論之概略』で文明化と独立との相剋を描いた福沢は、旧社会の解体によって生じた旧士族階級の行き場のない憎悪と抵抗の精神を、「道理」に根差した合理的な愛国心へ昇華させようと試みた。「智識」と「法律」を尊重し、暴力的に政権の奪取をめざすのではなく、理性的に地方分権を推進するなかで、自治の権利と「道理」に基づく「愛国心」を育む。福沢は『文明論之概略』における構想を基礎に、トクヴィルの政治理論を実践的に活用し、文明化と独立との間の亀裂を乗り越えようと企図したのである。

さらに興味深いことに、福沢はここでも「地方分権は外国交際の調練というも可なり」と唱え、兵学的なメタファーを用いて、地方自治における公共的な精神と、外国交際における国家的独立を支える「道理」に根差した「愛国心」の涵養を内的に関連づけている（④

二七五～二七六、二八八～二九〇）。福沢の官民調和論は、西洋列強が軍事的圧力を迫る対外的な脅威を前に国内で官民が争うべきではない、という国際政治認識と表裏をなす。

現代文明がもたらす矛盾と影──『民情一新』と明治一四年の政変

こうして福沢は『文明論之概略』公刊以降、変転する同時代の政治課題に取り組んだ。明治一二（一八七九）年には『民情一新』を著し、イギリス流の政党内閣制に基づく国会の早期開設という、新たな制度構想を前面に打ち出した。同書は、「近時文明（modern civilization）」すなわち現代文明の「外形」が人々の内面にもたらす矛盾と影を悲観的に描き出した、画期的な作品である（松沢［二〇二〇］参照）。

福沢はいう。誰も文明の進歩をとめることはできない。ここでもその証拠として福沢が引くのは、徳川期における蘭学者たちの存在である。「宝暦・明和の頃」、前野良沢や杉田玄白たちが「荷蘭《オランダ》の書を講じた」とき、人々はそれを「奇怪」と評した。しかし「天保・弘化の頃」になると、「蘭学」の「翻訳出版」の数は増大した。「世の文明開化は次第に進むを常」とする。だがそのうえで問題となるのは、「蒸気船車、電信の発明と、郵便、印刷の工夫」という「近時文明」が、「人類肉体の禍福のみならずその内部の精神」に対して、従来の想像を超える甚大な影響を及ぼしていることである（⑤一五～一六、二四）。

今日の世界では、産業革命の産物として蒸気船車や電信のテクノロジーが膨張的発展を続け、印刷や郵便、新聞の発達によって情報「インフォルメーション」が地球上を駆け巡り、「全世界中に思想伝達の大道」が開かれている。日本も無縁ではない。近い将来、物流や新聞の発展により、方言やなまりは「平均」化され、もはや「国の全面を翻して一場の都会に変じ」、日本全国が一つの都会と化すであろう（⑤二四～三〇、三九）。

特にここで福沢が危険視するのは、コミュニケーション革命ともいうべきこの突然の急激な変化により、社会全体に「驚駭狼狽《きょうがいろうばい》」が広がっていることである。雑誌や新聞を通じて、「一国内外の異事新説」が人々の耳目に飛び込んでくる。それはまるで「国中毎人の眼前に眼鏡を掲げて他人の思想言行を写出」しているかのようである。当初、文明開化がすすめば、人々は「道理に依頼して」、社会は次第に「静謐《せいひつ》」になると考えられた。しかし現実は異なった。毎日膨大な量のさまざまな情報が氾濫するなかで、人々は理性的になるどころか、むしろ「情海の波」に呑み込まれている。その結果、社会は非合理的な感情に突き動かされ、現状に対する不安や怒りが膨らみ、深刻な分裂や衝突、騒擾《そうじょう》が増大している。実際、イギリスでは貧しい労働者によるチャーチスト運動が広がり、ロシアでは社会秩序の顚覆《てんぷく》を狙う「ニヒリスト」が暗躍している。日本国内の「士族」や「書生」による過激な民権運動の高まりも、これらの動きに連なる（⑤八～一一、二七、三〇～四一）。

現代文明「近時文明」においては、テクノロジーの発展に伴って情報化やグローバル化が加速度的に進むなかで、それに十分に対応するだけの理性や智力が発達・普及していない。「ただ人類に道理推究の資なきを悲しむのみ」。そのため今日では、「細事は理に依頼して大事は情に由て成るの風」がはびこっている。細かいことに対しては道理を押し通す一方、世の中の大局は、人々の非合理的な情によって押し流されている。そしてそれは社会の分断を生み出し、最悪の場合には過激な破壊活動につながる。「その情海の波に乗せられて非常の挙動に及ぶも亦《また》これをいかんともすべからず」。もはや手がつけられない。ここには、私たちが生きる現代社会まで見通したかのような鋭い福沢の洞察がうかがえる（⑤四一）。

それでは、軋轢が深まる政府と人民との間の衝突をいかにして回避できるのか。ここで福沢が提唱する「人民の不平を慰めて国安を維持する」ための「術」こそ、政権交代を可能にする、政党内閣制に基づく国会開設構想である。イギリス流の議院内閣制を範として、「保守」派と「進取」派との間の不断の政権交代を実現させることで、社会に充満する不平を制度的に解消し、暴動や反乱を未然に防ぐことが可能となる（⑤四二～六一）。

福沢はこの制度構想を実践に移すため、大隈重信《おおくましげのぶ》と急速に接近した。明治一三（一八八〇）年、福沢の提唱により「知識を交換し、世務を諮詢《しじゅん》する」社交機関として交詢社《こうじゅんしゃ》が誕生すると、福沢のもとで学んだ矢野文雄《やのふみお》や小幡篤次郎、馬場辰猪《ばばたつい》らは、二院制と内閣制度を明記した、交詢社私擬憲法草案を作成した。他方で福沢は、同年の暮れに大隈邸に招かれ、大隈とともに伊藤博文《いとうひろぶみ》と井上馨《いのうえかおる》から、政府の機関誌『公布日誌』の発行を依頼される。

翌一四年一月、大隈は矢野らの協力で一六年国会開設の意見書を作成し、三月中旬、有《あり》栖川宮《すがわのみや》に密奏した。さらに大隈は統計院を設立し、矢野や尾崎行雄《おざきゆきお》、犬養毅《いぬかいつよし》ら慶應義塾派を登用する。秋には、国会開設の必要性を唱える、福沢の『時事小言』が公刊された。

だが大隈の意見書に触れた伊藤博文は態度を硬化させ、井上毅《いのうえこわし》らと大隈排撃へと踏み切る。井上毅は伊藤に対してプロイセン型の憲法の優位性を説き、「福沢の交詢社は即ち全国の多数を牢絡《ろうらく》し政党を約束する最大の器械」と警戒心を露わにした（「伊藤博文宛書簡　明治一四年七月一二日」四七）。折しも同年七月末に、開拓使官有物払い下げ事件で新聞や世論による政府批判が沸騰すると、政府内では、その背後で大隈と福沢と三菱が結託しているという陰謀説が流れた。明治一四年の政変である。この騒動で「国会開設の勅諭」が発される一方、大隈は参議辞任を強いられて下野し、矢野ら慶應義塾派も免官となった。さらに、福沢が依頼された『公布日誌』の計画も水泡に帰した。

だが、これで福沢の思想的影響力が潰《つい》えたわけではない。福沢は『公布日誌』発行の準備を活用して、明治一五年、「独立不羈《ふき》」の精神を掲げ、『時事新報』を創刊した。将来の国会開設を見すえて自由党や立憲改進党が結成されるなか、福地《ふくち》源一郎《げんいちろう》らが立憲帝政党を結党すると、それに対して危機感をおぼえた福沢は、同年四月末から『時事新報』に「帝室論」(福沢諭吉立案・中上川彦次郎筆記)を連載した。そのなかで福沢は、帝室は「偏《へん》なく党なく」「政治社外」に独立して存在するものであると唱え、一部の勢力がその「尊厳神聖」を政治的に利用することを強く戒めた。特に福沢はここで、政治学者バジョットの『イギリス国制論』を引きながら、帝室の存在は社会の安寧をもたらす「一国の緩和力」であると指摘する。すなわち「国会」において「政党相争うて」、人々を巻き込んで政治的対立が激化するなか、帝室はその外側に立ち、人々の間に「和気を催《もよ》うす」。それだけでなく、帝室は学問や芸術など文化事業を進め、「民心収攬《しゅうらん》の中心」となる。そうなれば、「世間に学術を貴ぶの気風」が形成されるであろう(⑤二五七〜二九二。安西[二〇〇七]、松田[二〇一六])。

「物理の思想」と「政治経済」

『民情一新』を通じて「近時文明」の「外形」が人々の内面や政治社会にもたらす暗い影を悲観的に描き出した福沢は、不平士族を中心に日本に蔓延する不満と衝突を解消するための即効性のある政治的手段として、イギリス流の議院内閣制度に基づく国会開設構想を提示した。しかし同時に、その最も根源的な原因を「道理推究の資なき」人々の智力の欠落に見出した福沢は、帝室を「全国学術の中心」にすえて「学術を貴ぶの気風」の形成を図るなど、今こそ文明の精神を支える学問が重要であると唱えていく。

この点で興味深いのが、同時期の明治一五年三月に『時事新報』に掲載された二つの演説筆記「物理学之要用」と「経世の学亦講究すべし」である。前者の演説で福沢は嘆く。「今の世の不学の徒」は、「汽車に乗て汽の理を知らず、電気を用いて電気の性質を知らず」、文明の利器を用いながら、それを支える原理を知らない、と（福沢自身は二〇年も前に、蘭学を通じて手探りで学んだのに）。ここでの「物理学」とは、「天然の原則に基き、物の性質を明にし、その働を察し、これを採て以て人事の用に供するの学」を意味する。本書第二章でみたように、それは医学や天文学、化学などを広く含み、「天然の真理原則」を分析する「窮理」学の一般を指す。福沢によれば、初学者は政治学や経済学より以前に、まず物理学を学ぶ必要がある。なぜなら、政治学や経済学が扱うのは相対的な「道理」である。「自由の主義」と「保護の主義」のどちらが正しいかは、国や地域、時代によって異なる。それに対して「物理」は、「世界古今正しく同一様」の普遍的真理である。蒸気機関、鉄砲軍器、電信ガスなど「近時の文明」はみな、物理学から生まれた（⑧四九〜五二）。

続いて演説「経世の学亦講究すべし」では、物理学を学んだ二〇歳前後の学生には、次の段階として、政治学や経済学の書を読ませるべきであると説く。「政治経済は有用の学」であり、政治経済を学ぶことで「真成の理」を知り、「是非判断の識」を獲得できる。福沢は問う。「流行の政談に奔走」する過激で無軌道な若者が生まれているのはなぜか。それは、彼らが政治学や経済学を深く学ばず、「真成の経世論」を知らないからである。「書を読むと愈《いよいよ》深きものは愈沈黙するが如し」。書物を深く読むものは、決して軽率に行動を起こしたりせず、沈黙して熟慮する。そして時と場所を判断して、適切な発言や行動を行う。「今の民権論の特に喧《かまびす》しきは特に不学者流の多きが故なりといわざるを得ず」(⑧五二〜五六)。

こうして福沢は眼前の政治課題に対して国会開設論を展開する一方、将来を見すえた「学者」の視座から、「近時の文明」の発展によって図らずも人々の間で噴出した軋轢や政治熱の亢進を鎮静化するためにも、学問を通じた深い叡智に基づく熟議の政治文化を養うことの重要性を訴えた。「不学者流」が非合理的な「情海の波」に呑み込まれ、「偽詐《ぎさ》」フェイクニュースに踊らされ、社会の不安や分断、軋轢を招いている。今こそ、周囲に惑わされずに独力で真理を探究する、「実学」「窮理」の精神を涵養しなければならない。

日本「近時文明」の起源としての蘭学

明治一〇年代の混迷する政治状況のなかで「物理」「窮理」の価値を重んじる福沢は、そこから改めて、近代日本の洋学の源流に「蘭学」が存在したことの歴史的・政治的意義を強調するに至る。明治一二(一八七九)年一〇月、東京大学医学部学位授与式の「祝詞」で、福沢は次のように語る。今日の「明治近時の文明」の「起原」は「今を去ること百余年、宝暦明和の頃、前野、杉田、ついで大槻、宇田川等の諸先生がはじめて端緒」を開いたことにある、と。そのうえで、医学生たちに贈る言葉として、「医の眼中に貴賎富貴なし、智愚強弱なし」という「扶氏の医戒」の一節を引用する。「扶氏の医戒」は、先にみたように、緒方洪庵がフーフェランドの「医師の義務」を翻訳した「扶氏医戒之略」を指す。適塾に掲げられた「医戒」は、その後も福沢の魂の深い部分に生きつづけていた(⑲七〇三〜七〇五)。

明治日本の「近時文明」の起源は、徳川期の蘭学にある。本書第一章で検討したように、福沢は慶應義塾創設に際して、自らを蘭学の継承者と定めており、この議論は一面において徳川末期に記された「慶應義塾之記」と連続性を持つ。しかし、それだけではない。明治維新後、「近時文明」の急激な発展に狼狽し、膨大な情報に踊らされ、情念が渦巻く現在、日本社会を安定的な進歩の道へと誘うためにも、「窮理」の精神に根差した「実学」の普及が肝要となる。こうした時代状況のなか、福沢は徳川期において蘭学が果たした役割と意義を再認識(あるいは再発見)し、明治日本の文明化の起源として改めて位置づけ直した。

そのことを鮮やかに描いたのが、『福翁百餘話』所収の論稿「物理学」である。福沢は説く。政治経済の学説や道徳論で扱う道理が相対的な真理であるのに対して、「物理学」が解明するのは普遍的な「宇宙自然の真理原則」である。それ故に「今の文明学」は、「物理学」

を「根本」に置く。物理学の発展は、「工芸殖産」の領域だけではない。政治や経済の世界もまた、「ついには物理の中に摂取」されていく。すなわち文明社会の進歩によって、政治や経済の領域でも、物の理に反する思想や主張は認められなくなる。そう論じた福沢は、「幸いなるは我日本国の新文明がはじめて入来したるその路を尋るに、まさに此物理の門よりしたるの一事なり」と説く。「新文明」の起源は、「宝暦明和の際」の前野良沢や杉田玄白による『解体新書』の「翻訳」という「我日本開闢《かいびゃく》以来の大事業」に遡る。日本の「文明入門の道」は、解剖書という「物」の「理」の探究から切り拓かれた！

福沢によれば、徳川日本ではそこから「気概ある者」たちが「蘭学の一門流」を樹立し、「実学」に根差した「荷蘭《オランダ》窮理の説」を解き明かした。それは「上流の学者社会に波及」し、蘭学者以外の学者も「物理学の良友」となった。ここに「我が文明」の「堅固」な「基礎」が築かれた。日本では蘭学を源流として「人間万事経営の大本」を「天然の真理原則」に求める「物理の思想」が「養成」されたことにより、「政治法律」「商売工業」もまた「真理原則」を基礎に花開き、文明化が進んだ。福沢の思想において、徳川期の蘭学を日本の文明化の起源に定めることとは、文明史と学問論の視座から、じつに論理内在的な説得力を持つものであった（⑥四二五〜四三二）。

本章の冒頭で触れた、「東洋の一国たる大日本の百数十年前、学者社会には既に西洋文明の胚胎するものあり」という言説は、ここに成立する。「東洋」における日本の進歩は偶然ではない。それはまた、西洋列強から武力によって無理やり強制されたものでもない。日本では百数十年前の一八世紀後半から、物理学を遂行する「窮理」の精神が宿っていた。これは世界に誇るべき出来事である。こうして福沢は将来の日本を文明化へと誘う道標として蘭学を捉え、そこに近代日本が立ち戻るべきアイデンティティ的価値を見出した。

そしてこの蘭学を起源に定めた、独自の日本「近時文明」史観は、福沢のアジア論に独特の陰影を与えることとなる。本書を閉じるにあたり、最後にこの問題を検討したい。

脱亜論に横たわる問題

明治一八（一八八五）年三月一六日、福沢は『時事新報』誌上に「脱亜論」を発表した。福沢は次のように説く。日本の国土は「亜細亜の東辺」にあるが、「国民の精神」はすでにアジアの古い習俗を脱し、西洋の文明へと移った。ところが中国と朝鮮では守旧派が勢力を持ち、文明化を拒絶している。この二国は「文明東漸」の世界情勢のなかで、国家の独立を保つことができない。日本はその仲間を離れ、西洋の文明国と進退をともにする。「我れは心において亜細亜東方の悪友を謝絶するものなり」（⑩二三八～二四〇）。『時事新報』掲載の無署名社説の検討も含め、福沢の中国・朝鮮論は坂野潤治氏［二〇一三］や月脚達彦氏［二〇一四〕、平石直昭氏〔二〇二一〕、平山洋氏〔二〇二二〕の研究に詳しい。ここでは物理学と兵学を軸とした「蘭学」との関係から、福沢のアジア認識を分析したい。

明治一〇年代における福沢の東アジアの「文明化と独立」をめぐる外交戦略を窺い知るうえで注目に値するのが、明治一四年公刊の『時事小言』である。福沢はいう。現在、西洋列強の軍事的威圧が「東洋」に迫っており、その火の手が中国や朝鮮を焼き払えば、日本の国家的独立も危ない。「方今東洋の列国」において「文明の中心となり他の魁《さきがけ》」となるのは「日本国民」である。日本は自国の独立を維持するためにも、「武もってこれを保護し、文もってこれを誘導し、速《すみやか》に我例に傚《ならい》て近時の文明に入らしめざるべからず」。軍事力によって中国と朝鮮を「保護」するとともに、学問を通じて両国を「誘導」し、文明化を支援するなかでアジアの連帯を実現する。「亜細亜東方の保護」は日本の「責任」であり、「武備を厳にして国権を皇張」することは急務である（⑤一八六〜一八七）。

注目すべきは、この対外政策が独自の中国観と表裏にあることである。なぜ中国はアジアの連帯を導く文明化の魁ではないのか。福沢によれば、中国はイギリス東インド会社と貿易を行い、一八世紀末にはイギリスのマッカートニー使節団を迎え、さらに一九世紀に入ってアヘン戦争とアロー戦争を経験した。それにもかかわらず、西洋の書を読む者は少なく、文明化の進展が「緩慢遅鈍《ちどん》」である。なぜか。その一因は、「陰陽五行の妄説に惑溺して事物の真理原則を求めるの鍵を放擲《ほうてき》したるの罪」にある（⑤一八五）。

ここで福沢は、本書前章で触れた徳川末期のヨーロッパ滞在経験を振り返り、次のように語る。ロンドンで学ぶ中国の学士と話をした際、日本における蘭学の隆盛と比して、中国で西洋の書物を読める人物は「十八名」に過ぎないと聞いた。その後、日本では「長崎」に「蘭人」の海軍教官を招聘して「航海術を伝習」し、万延元年には福沢自身も乗り込み、咸臨丸による太平洋横断を実現した。これらの「事実」は、「我日本人の快活」を明証する。こうして福沢は、蘭学を起源とする日本文明史観を機軸に、それとの対比のなかで、中国はいまだ「陰陽五行の妄説に惑溺」し、文明化が遅れていると捉えた（⑤一八五）。

他方で、よく知られるように福沢は朝鮮の文明化をめざして、学問による「誘導」に実践的に携わった。明治一四年前後から、朝鮮開化派の金玉均《キムオッキュン》や朴泳孝《パクヨンヒョ》らと積極的に交流し、数十名の朝鮮留学生を慶應義塾に招いた。「誠に二十余年前自分のことを思えば、同情相憐むの念なきを得ず」。福沢は二〇年前、はじめて西洋諸国に渡った自らと同じ姿を、朝鮮留学生に見出し、シンパシーを感じた。そこには交情も存在した。さらに、開化派を支援するため、慶應義塾で学んだ牛場《うしば》卓蔵《たくぞう》や高橋正信《たかはしまさのぶ》、井上角五郎《いのうえかくごろう》を朝鮮へ派遣した。

ところが明治一五年、壬午《じんご》軍乱が起こると、福沢は軍事強国化する清朝中国に対して危機感を強める。同年公刊の『兵論』では、曽国藩《そうこくはん》が組織する「湘勇《しょうゆう》」や李鴻章《りこうしょう》の「淮勇《わいゆう》」など、「西銃」「西洋の操法」の積極的な導入を図る洋務運動の展開を注視し、軍備の近代化を推進する中国政府の朝鮮政略に対して、警戒心をあらわにした（⑤三〇八〜三一四）。

その矢先、明治一七年一二月四日、金玉均ら朝鮮開化派によるクーデター、甲申《こうしん》政変が勃発した。しかし中国の軍事介入によって、開化派が企てた朝鮮の改革は失敗に終わる。守旧派の閔妃《ミンビ》が政権に戻るとともに、金玉均や朴泳孝らは日本に亡命し、開化派の家族は処刑された。この事実は、福沢に大きな衝撃を与えた。

「脱亜論」は、その約三ヵ月後に公表された。福沢はそのなかで、日本はもはや「隣国の開明」を待って「ともに亜細亜を興す」猶予はないと記す。それはまさに福沢自身が、開化派を通じて、文明化による連帯の道を模索してきたからに他ならない。だがそれは脆くも挫折した。そこには福沢の無念さがにじみ出ている。多くの先行研究が指摘するように、「脱亜論」は決して日本による朝鮮や中国の植民地支配を煽動するような文章ではない。

ただし看過できないのは、朝鮮の文明化への福沢の眼差しである。福沢は論説「牛場卓造君朝鮮に行く」のなかで、朝鮮に赴く牛場卓蔵に対して、朝鮮の政治や習慣に干渉してはならないと強く戒める。「洋学」を朝鮮の人々に伝え、彼らが文明の学術を自ら悟り理解するよう導くことが使命である。福沢はいう。徳川日本では「蘭学の先人が実学の端を開」いた。「蘭学」が勃興して「実学」の道を開き、古い習慣の弊害を取り除いた。さらにペリー来航後も「洋学者」が蘭学の「命脈」を継承して、鎖国攘夷の殺気が漲《みなぎ》るなか、自らの身の危険も顧みずに「開明の好結果」を得た。同じように「今日の朝鮮」でも、「率先の人物」が登場して「国人一般の心を開くこと」が緊要である、と(⑧四九七〜五〇六)。

日本は決して西洋列強の圧力に屈して開化の道を歩んだのではなく、すでに一〇〇年以上前から蘭学者が実学に目覚め、その命脈が引き継がれるなかで文明化を実現した。福沢はこのような問題意識のもと、朝鮮においても社会の内側から文明の学術に目覚めた学者が登場し、広く一般の人々の智力を増進させて、文明化の道を切り拓くことを期待した。

こうした福沢の朝鮮政略は、朝鮮開化派の人々との連帯を実現させた。ただしその本質は、徳川期に花開いた蘭学を起源とする日本の文明と自由の自画像を、朝鮮社会へと投影したものであった。果たしてそれは、朝鮮の歴史的文脈に即していたのか。朝鮮の人々からみて、「ともに亜細亜を興す」ための方策として最善であったのか。ここにこそ、「脱亜論」の根底に横たわる問題の核心がある。

帰るべき学問の故郷——日本文明の起源の記念碑

日清戦争が勃発した明治二七(一八九四)年、福沢は築地鉄砲洲の旧中津藩中屋敷に、「蘭化堂」という記念館を設立する構想を打ち出した。ここは慶應義塾の発祥の地であり、それより遡ること約八〇年、蘭化先生こと前野良沢が杉田らとともに『解体新書』の翻訳に取り組んだ場所でもあった。その構想を描いた企画書のなかで福沢は、『解体新書』翻訳による「蘭学」の勃興こそ「我大日本国文明開化の元始」であり、「我日本国が古今世界に絶無の進歩を成し、不可思議の偉業以て国光を四方に耀かしたるゆえん」であると改めて声高に主唱する。このことはまさに、「世界の文明史に大書す可《べ》きもの」である。

残念ながら計画は途中で頓挫したが、福沢はその建設目的を次のように記している。

> 我開国以前既に開国の素あるゆえんの事実を明にして、もってますます懐旧の情を厚くして、もってますます将来の進歩を謀らんとする。（⑳三八七〜三八九）

日本には「開国」以前から、「開国の素」である蘭学が存在した。蘭学の源流とその後の発展を懐かしく振り返り、「懐旧の情を厚くして」、そこから「将来の進歩」を企図する。「蘭化堂」の計画とは、後世の人々に日本の文明化の原点に蘭学の精神が存在したことを思い起こさせるモニュメントの建設構想であった。そしてこの計画が失敗に終わった後も、福沢は死の直前まで、緒方洪庵の伝記編纂に取り組んだ。

明治二九年一一月、「慶應義塾」の「目的」は「我日本国中における気品の泉源、智徳の模範」になることだと「遺言のごとく」唱えた演説のなかで、福沢は次の挿話を披露している。世紀転換期のヨーロッパにおいてナポレオン戦争が勃発し、オランダ本国が地球上から「滅亡」した際にも、「日本長崎の出島」のオランダ商館だけは「国旗」を掲げ、建国以来のオランダの「国脈」を保持しつづけた。同じように明治維新の動乱期、暗黒の世の中で唯一、洋学を掲げて「文明の炬火《きょか》」を守り、日本の進むべき方向を示したのが、慶應義塾であった、と(⑮五三一〜五三四)。福沢は最晩年の『福翁自伝』でも、同じ話を語っている。

ここで出島のオランダ商館と慶應義塾が類比されていることは、じつに興味深い。福沢が創設した慶應義塾は、この出島を媒介にオランダより伝播した西洋学である蘭学を継承し、戊辰戦争の内乱期もその燈火を絶やすことなく、日本の文明化の道を照らしつづけた。明治日本の文明化と独立を先導した福沢は、生涯にわたり、前野良沢や杉田玄白をはじめ、緒方洪庵ら蘭学の先人たちが守り発展させた「文明の炬火」を継承するという強い自負を持ちつづけた。福沢にとって、蘭学は常に立ち戻るべき文明化の起源であり、帰るべき場所、自らの学問の故郷だったのである。

明治三四(一九〇一)年、二〇世紀が幕を開けたこの年の二月三日、福沢諭吉は息を引き取った。数えで六八歳の生涯。福沢諭吉は最期まで、蘭学者であった。

読書案内

福沢諭吉の政治思想に関する古典的研究としては、丸山眞男著・松沢弘陽編［二〇〇一］『福沢諭吉の哲学』（岩波文庫）、丸山眞男［一九八六］『文明論之概略を読む』全三巻（岩波新書）がある。松沢弘陽［二〇二〇］『福澤諭吉の思想的格闘』（岩波書店）、ならびに平石直昭［二〇二一］『福澤諭吉と丸山眞男』（北海道大学出版会）は近年出版された思想史研究の大著である。松沢弘陽［一九九三］『近代日本の形成と西洋経験』（岩波書店）やアルバート・M・クレイグ［二〇〇九］『文明と啓蒙』（足立康・梅津順一訳、慶應義塾大学出版会）、松田宏一郎［二〇一六］『擬制の論理　自由の不安』（慶應義塾大学出版会）も、福沢諭吉と一九世紀思想史を考察するうえで必読の書である。

福沢による西洋政治思想との取り組みは、安西敏三［一九九五］『福沢諭吉と西欧思想』（名古屋大学出版会）、同［二〇〇七］『福澤諭吉と自由主義』（慶應義塾大学出版会）に詳しい。福沢の「自由」概念を中心とした思想史研究に、宮村治雄［二〇〇七］「福沢諭吉に於ける「專擅」と「自由」」（『福澤諭吉年鑑』三四）、同［二〇一七］「自由」（米原謙編『政治概念の歴史的展開　第一〇巻』晃洋書房）がある。法思想については、安西敏三・伊藤彌彦・石川一三夫編著［二〇〇二］『福澤諭吉の法思想』（慶應義塾大学出版会）が手引きとなる。小川原正道［二〇一二］『福澤諭吉の政治思想』（慶應義塾大学出版会）では、政治史の視座から分析がなされている。

福沢と儒学思想については、渡辺浩［二〇一〇］『日本政治思想史　十七〜十九世紀』（東京大学出版会）、同［二〇二一］『明治革命・性・文明』（東京大学出版会）、ならびに中村敏子［二〇二二］「福沢諭吉における自由の概念」（『北海学園大学　法学研究』五八巻二号）で検討されている。福沢のアジア論を分析した研究に、坂野潤治［二〇一三］『近代日本とアジア』（ちくま学芸文庫）、月脚達彦［二〇一四］『福沢諭吉と朝鮮問題』（東京大学出版会）、平山洋［二〇一二］『時事新報社主　福沢諭吉』（法律文化社）がある。福沢の家族論や女性論については、中村敏子［二〇〇〇］『福沢諭吉　文明と社会構想』（創文社）や西澤直子［二〇一一］『福澤諭吉と女性』（慶應義塾大学出版会）が有益である。

福沢諭吉の伝記としては、石河幹明［一九九四］『福澤諭吉伝』全四巻（岩波書店、新装版）、富田正文［一九九二］

『考証福澤諭吉』全二巻（岩波書店）、北岡伸一［二〇一八］『独立自尊』（ちくま学芸文庫）、平山洋［二〇〇八］『福澤諭吉』（ミネルヴァ書房）がある。目配りのきいた入門書に、小室正紀編著［二〇一三］『近代日本と福澤諭吉』（慶應義塾大学出版会）がある。また、福澤諭吉事典編集委員会編［二〇一〇］『福澤諭吉事典』（慶應義塾大学出版会）は役に立つ。福澤諭吉協会が刊行する『福澤諭吉年鑑』ならびに『福澤手帖』には、最新の福沢諭吉研究が掲載されている。

その他、本書では次の研究文献を引用ならびに参照した。

・石田純郎編著［一九九二］『緒方洪庵の蘭学』（思文閣出版）
・井田進也［二〇〇一］『歴史とテクスト』（光芒社）
・伊藤仁斎［一八二九］『論語古義』（正徳二（一七一二）年序、文泉堂）
・井上毅［一九七一］「伊藤博文宛書簡」（井上毅傳記編纂委員會編『井上毅傳　史料篇第四』國學院大學圖書館）
・梅溪昇［一九九三］『洪庵・適塾の研究』（思文閣出版）
・同［二〇一六］『緒方洪庵』（吉川弘文館）
・大久保健晴［二〇二〇］「一九世紀日本とデルフト王立アカデミー」（山本信人編著『アジア的空間の近代』慶應義塾大学出版会）
・同［二〇二一］「蘭学と西洋兵学」（前田勉・苅部直編『日本思想史の現在と未来』ぺりかん社）
・同［二〇二二］『近代日本の政治構想とオランダ　増補新装版』（東京大学出版会）
・大久保利通［一九二七］「明治九年二月二七日」『大久保利通日記　下巻』（日本史籍協會）
・大槻玄沢［一九七六］「蘭訳梯航」（沼田次郎・松村明・佐藤昌介校注『日本思想大系六四　洋学上』岩波書店）
・苅部直［二〇一七］『「維新革命」への道』（新潮社）
・河北展生［一九九三］「福澤諭吉の蘭学修行と奥平十学（壱岐）」（『近代日本研究』九）
・河北展生、佐志傳編著［二〇〇六］『「福翁自傳」の研究』（慶應義塾大学出版会）
・川崎勝［二〇〇八］「初期福沢諭吉の政治意識の表白」（寺崎修編『福沢諭吉の思想と近代化構想』、慶應義塾大学出版会）
・姜兌玧［二〇二二］『福沢諭吉の初期思想』（慶應義塾大学出版会）

・アルバート・クレイグ［二〇〇三］"Fukuzawa Yukichi and Shinmon Berihente"（『近代日本研究』一九）
・小久保明浩［一九八二］「中津における福澤諭吉の修学とその世界」（『福澤諭吉年鑑』九）
・進藤咲子［二〇〇〇］『「文明論之概略」草稿の考察』（福澤諭吉協会）
・杉田玄白［一九八二］『蘭学事始』（岩波文庫、改版）
・同［一九七六］「狂医之言」（前掲『日本思想大系六四　洋学上』）
・杉本つとむ［一九九二］『江戸蘭方医からのメッセージ』（ぺりかん社）
・竹内力雄［二〇〇七］「福澤諭吉の『雷銃操法』原本、熊本に存在」（『福澤諭吉年鑑』三四）
・竹田行之［一九九五］「『時事新報』論集について」（『福澤諭吉年鑑』二二）
・都倉武之［二〇〇八］「福沢諭吉の朝鮮問題」（前掲『福沢諭吉の思想と近代化構想』）
・中山沃［二〇〇八］「死直前の福沢諭吉の緒方洪庵先生に関する談話」（『福澤諭吉年鑑』三五）
・長与専斎［二〇〇八］「松香私志」（小川鼎三・酒井シヅ校注『松本順自伝・長与専斎自伝』平凡社）
・長尾正憲［一九八八］『福沢屋諭吉の研究』（思文閣出版）
・西川俊作［一九九一］「統計学　福澤諭吉から横山雅男へ」（『近代日本研究』八）
・野田秋生［二〇〇七］「中津藩海防論の中の福澤兄弟」（『福澤諭吉年鑑』三四）
・羽田正［二〇一七］『興亡の世界史　東インド会社とアジアの海』（講談社学術文庫）
・東田全義［二〇〇二］「ワンダーベルトと云ふ原書」（『福澤手帖』一一三）
・平石直昭［二〇二二］「一歩後退・二歩前進」（『福澤諭吉年鑑』四九）
・平川祐弘［二〇一六］『「福翁自伝」とオランダの反応』（『日本の生きる道』飛鳥新社）
・布施光男［一九八九］「幕末期のガルヴァニ電池について」（『科学史研究Ⅱ』二八）
・前田勉［二〇一五］「江戸の読書会の思想的な可能性」（『福澤諭吉年鑑』四二）
・同［二〇一八］『江戸の読書会』（平凡社ライブラリー）
・前野良沢［一九七六］「管蠡秘言」（前掲『日本思想大系六四　洋学上』）

・町泉寿郎〔一九九八〕「香川修庵の「儒医一本」の儒について」（『日本医史学雑誌』四四巻一号）
・松方冬子編〔二〇一九〕『国書がむすぶ外交』（東京大学出版会）
・松田宏一郎〔二〇二二〕「国家の「生力」と『学問のすゝめ』」（『福澤手帖』一九二）
・八耳俊文〔一九九九〕「キリスト教と科学の大衆化」（『青山学院女子短期大学総合文化研究所年報』七）
・山口一夫〔一九九二〕『福澤諭吉の亜欧見聞』（福澤諭吉協会）
・吉田忠〔一九八二〕「一八世紀オランダにおける科学の大衆化と蘭学」（吉田忠編『東アジアの科学』勁草書房）
・柳愛林〔二〇二一〕『トクヴィルと明治思想史』（白水社）
・貌郎度多著・般密爾縣訳〔一九三七〕「三兵活法」（鈴木春山訳・佐藤堅司編『鈴木春山兵學全集』下巻、八紘會）
・李邈（Lubach）〔一八六六〕『生理發蒙』（島村鼎鉉仲訳、須原屋伊八）
・ヨハン・ヴォルフガング・フォン・ゲーテ〔一九七九〕「イタリア紀行」（高木久雄訳、『ゲーテ全集』一一、潮出版社）
・ピーター・バーク〔二〇〇四〕『知識の社会史』（井山弘幸・城戸淳訳、新曜社）
・デイヴィッド・ボダニス〔二〇一六〕『電気革命』（吉田三知世訳、新潮文庫）
・Brandt, H. von［1837］, *Taktiek der drie wapens* (vertaald door J. J. van Mulken, Breda: Broese & Comp).
・Buckle, T. H.［1873］, *History of Civilization in England*, Vol. 1 (New York: Appleton).
・Van der Burg, P.［1852–1854］, *Eerste grondbeginselen der natuurkunde*, Derde, geheel omgewerkte druk (Gouda: G. B. van Goor).
・Kleiweg de Zwaan, J. P.［1917］, *Völkerkundliches und Geschichtliches über die Heilkunde der Chinesen und Japaner* (Haarlem: de Erven Loosjes).
・Lubach, D.［1855］, *Eerste grondbeginselen der natuurkunde van den mensch* (Gouda: G. B. van Goor).
・Pel, C. M. H.［1852］, *Handleiding tot de kennis der versterkings-kunst*, tweede druk ('s Hertogenbosch: Gebroeders Muller).
・De Plot, F. H. J.［1938］, *Het instructie-bataljon te Kampen* (Kampen: J. H. Kok N. V.)
・"Het leven van een Japansch strijder," in *De Telegraaf*, Vijfde Blad, 24 maart 1935.

おわりに

福沢諭吉の死から三〇年余り経った一九三五年三月二四日、オランダの新聞『デ・テレグラーフ(De Telegraaf)』に長文の書評が掲載された。書評の対象は、『福翁自伝』。前年の三四年に、清岡暎一の翻訳によって『福翁自伝』の英訳版が、東京の北星堂とロンドンのW. G. Allenから出版されたばかりであった(平川祐弘氏の論稿[二〇一六]に詳しい)。

この日の『デ・テレグラーフ』を開くと、第五葉(Vijfde Blad)、全体の九頁目にあたる紙面の大部分を使って、「一人の日本の格闘者(strijder)の人生」という題名で、英訳版『福翁自伝』をもとに、福沢諭吉の生涯が紹介されている。なかでも中津から長崎行を決断する際に、兄・三之助から「原書(Gensho)とはオランダで出版された書物である」と聞かされたこと、適塾時代に「蘭書はレンブラントの作品と同じくらい稀覯《きこう》であった」こと、さらにヨーロッパ滞在ではとりわけオランダにおいて「三〇〇年にわたる日本との特別な関係」を背景に「最も心のこもった歓待を受けた」と福沢が語ったことなど、オランダとの接点に濃《こま》やかな光が当てられている。

こうして『福翁自伝』は、福沢自身、「第二の故郷」と呼んだオランダの地にわたり、そこで少なからぬ読者を獲得した。なお、同じ日の『デ・テレグラーフ』の紙面には、当時のイギリスのマクドナルド内閣の外務大臣をつとめるジョン・サイモンが、ドイツ総統のアドルフ・ヒトラーと、互いに鎧をつけて握手する風刺画も掲載されている。

本書で検討したように、一九世紀に生きた福沢諭吉は、「蒸気、電信、印刷、郵便」の「進歩」により、地球全体を覆うコミュニケーションが変貌を遂げ、日本もその大きな波に必然的に呑み込まれることを鋭敏に観察した。そして蘭書をはじめ、ブラックストンやギゾー、バックル、ミル、トクヴィル、バジョットら西洋の思想家の書物と積極的に取り組み、日本の文明化と独立を企図した。

しかしグローバルなヒト、モノ、思想の動きは、決して一方向ではない。それは双方向的である。福沢たちがオランダのライデン大学に、適塾の師・緒方洪庵が翻訳した『扶氏経験遺訓』を持参し寄贈してから約七〇年が経ち、福沢の書物もまた英訳され、オランダをはじめ西洋諸国（さらには世界中）へと伝えられた。そして、一九三五年という時代状況のなかで、おそらく原著者である福沢の意図を超えて、さまざまに新たな読解がなされた。ここに、思想史のおもしろさがある。

福沢諭吉は、たとえるならば日本の思想史上に聳《そび》え立つ最大級の峰である。本書は「蘭学」という登山口から、その頂きへと至る地図を描こうと試みた。福沢は、徳川期の蘭学修業を通じて、学者としての道を歩みはじめた。さらに、自ら創設した慶應義塾の出発点を、前野良沢や杉田玄白らによる蘭学に求めた。それだけではない。近代日本の文明の起源は、一八世紀後半を起点とする蘭学にあるとくりかえし訴えた。そしてそれは、福沢にとって、帰る場所でもあった。福沢諭吉の学問と思想を解明するうえで、蘭学を切り口とすることには、正当な理由があると著者は考える。

加えて近年、グローバル・ヒストリー研究の興隆にみられるように、日本の歩みを世界史の大きな文脈のもとに捉え直すことの重要性が唱えられている。蘭学の契機に注目し、世界史の広がりのなかで福沢諭吉の思想を読み解くことは、こうした時代の要請に対する一つの学問的な応答でもある。

むろん、蘭学が唯一の登山口であるわけではない。頂上に登るための入り口や経路は、無数に存在する。福沢諭吉が最高峰の思想家の一人であることは、福沢を対象とするこれまでの先行研究の質と量がそれを証明する。著者自身、先行研究から多くを学んできた。紙幅の都合で限界はあるが、できるだけ本文と注で敬意を込めてそのことを示し、あわせて読書案内を作成した。探究を深めたい方に、ご活用いただけると幸いである。

願わくは、読者の皆さまには、本書を道案内として、実際に福沢諭吉の著作を手にとり、ご自身のスタイルで、鬱蒼《うっそう》とした木が生い茂る思想の森のなかを散策する醍醐味を味わっていただきたい。

福沢諭吉はこれまで、たくさんの賞賛を受け、それと同じくらい多くの批判を浴びてきた。その賞賛と批判の多さこそ、福沢が自ら生きた時代と深く格闘した思想家であったことの証ともいえる。その評価は、今後も時代とともに変転するであろう。本書はそれらに対して、何ら与《くみ》するものではない。

「今を生きる思想」であるかどうかを判断するのは、今は亡き思想家本人ではなく、またそれを読み解く研究者でもない。多くの方々がその書物に触れ、そこに込められたメッセージに歴史の内側から接近し、自らの人生を顧みて「あっ」と何かの小さな気づきを得たとき、それははじめて「今を生きる思想」となる。本書がその一助となれば、著者にとって望外の喜びである。

慶應義塾福澤研究センターの西澤直子教授には、資料の閲覧などでたいへんお世話になりました。心より感謝申し上げます。

本書の執筆にあたり、講談社の所澤淳さんに多大なるお力添えをいただきました。所澤さんの導きがあってはじめて、本書は生まれました。篤く御礼申し上げます。

N.D.C. 121.6　126p　18cm
ISBN978-4-06-531511-8

講談社現代新書　2699

今《いま》を生《い》きる思想《しそう》

福沢諭吉《ふくざわゆきち》　最後《さいご》の蘭学者《らんがくしゃ》

二〇二三年三月二〇日第一刷発行

発行者　鈴木章一
発行所　株式会社講談社
　　　　東京都文京区音羽二丁目一二―二一　郵便番号一一二―八〇〇一
電　話　〇三―五三九五―三五二一　編集（現代新書）
　　　　〇三―五三九五―四四一五　販売
　　　　〇三―五三九五―三六一五　業務
装幀者　中島英樹／中島デザイン
印刷所　株式会社ＫＰＳプロダクツ
製本所　株式会社国宝社
定価はカバーに表示してあります　Printed in Japan

「講談社現代新書」の刊行にあたって

教養は万人が身をもって養い創造すべきものであって、一部の専門家の占有物として、ただ一方的に人々の手もとに配布され伝達されうるものではありません。

しかし、不幸にしてわが国の現状では、教養の重要な養いとなるべき書物は、ほとんど講壇からの天下りや単なる解説に終始し、知識技術を真剣に希求する青少年・学生・一般民衆の根本的な疑問や興味は、けっして十分に答えられ、解きほぐされ、手引きされることがありません。万人の内奥から発した真正の教養への芽ばえが、こうして放置され、むなしく滅びさる運命にゆだねられているのです。

このことは、中・高校だけで教育をおわる人々の成長をはばんでいるだけでなく、大学に進んだり、インテリと目されたりする人々の精神力の健康さえもむしばみ、わが国の文化の実質をまことに脆弱なものにしています。単なる博識以上の根強い思索力・判断力、および確かな技術にささえられた教養を必要とする日本の将来にとって、これは真剣に憂慮されなければならない事態であるといわなければなりません。

わたしたちの「講談社現代新書」は、この事態の克服を意図して計画されたものです。これによってわたしたちは、講壇からの天下りでもなく、単なる解説書でもない、もっぱら万人の魂に生ずる初発的かつ根本的な問題をとらえ、掘り起こし、手引きし、しかも最新の知識への展望を万人に確立させる書物を、新しく世の中に送り出したいと念願しています。

わたしたちは、創業以来民衆を対象とする啓蒙の仕事に専心してきた講談社にとって、これこそもっともふさわしい課題であり、伝統ある出版社としての義務でもあると考えているのです。

一九六四年四月　野間省一